크리스천과 함께 읽는
금강경

크리스천과 함께 읽는 ─

금강경

저자 **김원수**

바른법연구원

『크리스천과 함께 읽는 금강경』을 재발간하며

1961년 대학 1학년 때 금강경을 만나자마자 심취하였습니다. "위타인설 기복덕 불가사량爲他人說 其福德 不可思量"이라는 금강경 구절대로 금강경 가르침이 담긴 불교를 동료 학생들에게 알리고자 하였습니다. 왜냐하면, 당시 나는 불교는 기독교나 유교와는 분명 다른 종교요, 불교는 이들보다 훨씬 우월하다고 확신하였기 때문입니다.

1967년 나는 더 고차원의 불교를 알고 싶어 당시 큰 도인으로 알려진 전 동국대 총장 백성욱 박사의 문중으로 출가하여 금강경을 실천 수행하였습니다. 금강경을 본격적으로 공부해 보니 불교는 기독교나 유교와 상대가 되는 종교가 아니요, 어떤 형상이 있는 가르침이 아님을 발견하였고, 따라서 불교는 다른 종교 또는 가르침과 충돌할 그 무엇도 없는 텅 빈 진리임을 알게 되었습니다. 금강경 가르침은 형상이 없고 텅 비어 있기에 "모든 성인은 형상이 없는 진리로 현실 상황에 따라 다르게 설하신다一切賢聖 皆以無爲法 而有差別."라는 말씀을 실감하였습니다. 불교의 진리를 깨친 도인은 당연히 획일적 설법이 아닌 수기설법隨機說法을 할 수밖에 없음을 알게 되었습니다. 즉 아함부 법문은 곧 유교와 하나도 다르지 아니하고, 방등부 법문이 기독교와 다르지 않음을 실감하였습니다.

그 후 금강경을 계속 공부하고 실천하자 금강경의 핵심 진리인 일체유심조一切唯心造나 공空의 진리가 속속들이 알아지고 기독교는 금강경의 진리와 하나도 다르지 않음을 알게 되었습니다. 그래서 대담하게도 2005년 『크리스천과 함께 읽는 금강경』이라는 책을 발간하였습니다.

출간 이후 더욱 금강경 공부를 폭넓게 하고자, 10여 년 무료급식 등 조건 없이 베푸는 일을 행行하면서 '주는 것이 받는 것'이라는 불이不二의 진리를 깨치게 되었습니다. 이 불이의 진리를 실감하며 '번뇌와 보리가 다르지 않고, 재앙과 축복이 다르지 않음'도 알게 되었습니다. 이와 같은 불이의 진리에 대한 통찰은 나를 모든 불행에서 벗어나 행복의 길로 가게 하였고, 모든 무능과 무지에서 자유롭게 하였습니다.

나는 지금도 『크리스천과 함께 읽는 금강경』 책 쓴 것을 매우 자랑스럽게 생각합니다. 불자든 크리스천이든 이 책을 잘 읽고 이해하는 사람은 모든 고난의 세계를 훌쩍 뛰어넘어 단숨에 부처님 세계에 진입하게 될 것으로 확신하며, 이는 부처님께서도 기뻐하실 일로 생각합니다.

2021년 겨울
김원수 합장배례

머리말 ─ •

40여 년 전, 대학교 2학년 때 신소천 스님의 금강경 해설서에서 '응무소주 이생기심應無所住 而生其心'을 설명한 부분을 읽으며 깊은 충격과 감동을 받았습니다. 당시 부처님의 말씀도 좋았지만 해설이 더욱 인상적이었기에, 매일 신소천 스님의 사진에 절하면서 금강경을 자주 독송하였습니다. 이때부터 불교를 알고 싶은 생각이 더욱 간절해져 다양한 불교 서적을 구입하여 탐독하였고, 스님들이 하시는 불교 강의를 듣기도 하였습니다. 대학을 졸업할 때쯤엔 금강경을 비롯하여 각종 불경을 누구 못지않게 잘 이해하고, 부처님께서 정하신 계율도 어느 승려 못지않게 잘 실천한다고 생각하였습니다.

이처럼 부처님을 좋아하였던 마음이 씨앗이 되었던가? 군대 생활을 마친 후 다행스럽게도 훌륭한 선지식을 만나 불교를 공부할 기회가 있었습니다. 선지식이 말씀하시는 불교는 모두 금강경에서 비롯된 것이지만, 그분이 말씀하신 금강경은 지금까지 알고 있던 금강경과는 근본적으로 달랐습니다. 선禪이란 '불립문자不立文字 교외별전教外別傳'이라 하였는데 그분이 말씀하시는 금강경은 문자에 의지한 금강경이 아니요, 경전이나 조사어록을 인용한 말씀이 아니었습니다. 항상 모든 것을 자신의 마음속에서 구한다는 선禪의 진리에 근거하여, 문자를 떠나 뜻으로 말씀하셨고, 논리나 형식을 떠나 실질로 행동하셨습니다. 말하자면 그분의 언言과 행行은 교教가 아닌 선禪이라 할 것입니다.

문자가 아닌 뜻을 중심으로 하신 말씀이기에 선지식이 말씀하신 금강경은 불자佛子뿐 아니라 불자가 아닌 보통 사람들도 친할 수 있었고, 형식이 아닌 실질을 중심으로 한 말씀이기에 불교만이 유일한 진리가 아니요 아상我相을 타파하는 가르침이라면 다 진리가 되었습니다. 이로부터 불법은 실생활 속에 있고 깨달음은 근심 걱정 등 번뇌 속에서 찾을 수 있는 것임을 알게 되었는데, 이러한 진리를 터득하고 보니 지금까지 선지식의 지도 없이 형성된 내 인격이나 지식이란 것이 모두 거짓으로 꽉 차 있을 뿐 아니라 매우 깊은 병에 빠져 있음을 발견하였습니다. '자신의 업장이 태산 같은 줄 알아야 수도할 마음이 난다.'라는 보조 스님의 말씀을 깊이 공감하며 수도 생활을 하였습니다. 선지식을 모시고 한 3년 동안 참회의 공부를 하며 '그대의 생각은 모두 잘못된 것이다. 그대의 생각이 진실로 다 잘못인 줄 분명히 깨친다면 곧 부처님을 볼 수 있느니라凡所有相 皆是虛妄若見諸相 非相 則見如來.'라는 금강경 말씀을 더욱 실감할 수 있었던 것은, 지금 생각해도 참 고맙고 소중한 체험이었습니다.

수도장에서 나와 수십 년 동안 많은 고난을 체험하며 절실히 느낀 것은, '고난이 우연이 아니요 무시겁으로 지어온 내 죄업이 불러온다는 것'입니다. 따라서 이 고난은 무시겁의 죄업이 지중함을 일깨워 주는 신호이며 참회하라는 채찍이었습니다. 또 죄업의 참회를 통하여 참 기쁨과 행복이 있음도 알게 되었습니다.

금강경을 실천하면 생활이 불법이 될 수 있으며, 고난이 있기에 행복을 창조할 수 있다는 믿음이 더욱 확고해졌습니다. 고난이 많은 보통 사람도 고난의 시련을 부처님이 주신 선물로 알고 싫어하지 않으며 감사하게 받을 때, 마침내 고난이 착각임을 깨닫고 영원한 행복의 세계를 맞이하며, 범부도 성인이 될 수 있다는 사실을 새삼 확인할 수 있었습니다.

금강경 가르침이 이처럼 소중하고 위대하다고 생각하여도 감히 책으로 엮어 펴낼 생각은 하지 못했습니다. 우선, 자신이 그럴 능력이 된다고 생각하지 못했고, 책을 쓰는 일 자체가 아상의 연습이 될 가능성이 있어서 금강경 정신에 어긋난다고 생각하였기 때문입니다.

그러나 사람들이 금강경을 잘만 실천한다면 점점 행복해지고 드디어는 구원이나 해탈을 얻을 뿐 아니라 국가 사회의 발전과 세계 평화에도 크게 기여할 것이라는 생각이 날이 갈수록 절실해졌습니다. '뜻과 실질로 된 금강경'을 해설해야 할 필요성을 느끼게 되었습니다.

가능한 한, 자유롭게 피어오르는 상상력과 모든 감정을 배제하고 한 단어 한 문장을 표현할 때마다 '선지식이 계신다면 어떻게 말씀 하셨을까'를 생각하였습니다. 내 소리가 아니라 부처님 음성이 되기를 기원하며 금강경을 해석하려 하였습니다. 그리고 많은 사람이 이 글을 읽고 모든 고난에서 영원히 벗어나 행복하며, 즐겁게 보살도菩薩道를 실천하는 모습을 상상해 보았습니다.

책의 제목을 『크리스챤과 함께 읽는 금강경』으로 정한 것은, 금강 경을 실천하는 불자들이 충분히 참구參究할 가치가 있는 화두가 될 수 있다고 보았기 때문입니다. 불자들이 이 화두를 깨치고 마음속 아상의 벽을 허문다면, 불교만이 올바른 가르침이라는 생각도 사라 질 것이요 그리스도교가 불교와 다른 가르침이라는 생각에서도 벗 어날 것입니다. 그리고 그리스도교를 배타적 종교라고 생각했던 것 은 그리스도교가 배타적이기 때문이 아니라 '자신의 마음속에 오래 전부터 존재했던 배타심'이라는 분별심 때문이라는 진리를 깨치게 될 것입니다. 이 진리를 깨친 사람은 부처님께서 칭찬할 만한 불자 로서의 길을 걷는 사람이라 할 수 있으며, 모든 차별과 갈등이 사라 진 그 마음속에 참된 사랑과 참된 행복이 영원히 함께 있으리라고 생각합니다.

2005년 봄

김원수 합장배례

목차

금강석과 같이 단단한 지혜로
밝음의 세계에 이르는 가르침

세상에는 행복의 길을 제시하는 여러 가르침이 있고, 다음과 같이 주장합니다.

"이 길을 따르라. 이 길이야말로 인간이 인간답게 사는 참된 길이다. 이 길을 걸으면 모든 괴로움에서 벗어나 영원한 행복을 얻으리라."

가르침마다 행복을 얻는 수행 방법이 있어서 가르침을 믿고 수행하여 마음의 안정을 얻고 행복을 체험하기도 합니다. 그러나 대부분 사람들이 체험하였다고 주장하는 행복은 얼마 가지 않아 다시 불행해지는 상대적 행복일 뿐, 불행의 뿌리가 근본적으로 사라지는 절대적 행복은 아니라 하겠습니다. 만일 그들이 상대적 행복에서 벗어나 영원한 행복에 도달하였다면, 그들이 불교 신자이건 아니건 또는 부처님을 신봉하건 아니하건 관계없이 금강석과 같이 단단한 지혜, 즉 '금강반야金剛般若'를 얻었다고 할 것입니다.

부처님께서 큰 깨달음을 이루시기 전, 6년 동안 여러 가르침에 따라 수도하셨습니다. 이들 수도는 각종 고행을 체험하거나 정신을 집중하는 수련이었습니다. 철저한 수도를 통해서 불가사의한 정신세계를 체험하셨지만, 삼매경三昧境에서 깨어나면 얼마 후 다시 중생심衆生心(어리석은 마음)으로 복귀하였기에 올바른 수행법이 아니요, 일시적으로 황홀한 현상을 체험한 것도 참된 해탈이나 열반이 될 수 없다고 판단하셨습니다.

부처님께서 말씀하시는 『금강반야바라밀경』은, 어떠한 경우에도 상대적 세계로의 후퇴나 중생심으로 되돌아가지 않는 방법으로, 상대적 인간 세계에서 벗어나 절대적 신의 세계로 들어서는 아주 희귀한 법문입니다.

어떤 방법으로 수행하여야 중생심으로 다시 돌아가지 않을까요?

근심 걱정이나 희로애락 등 중생의 속성에서 영원히 벗어나는 수행법은 어떠한 특성이 있어야 할까요?

부처님께서는 잘못된 길에서 벗어나 새로운 길을 찾는 사람이 과거의 잘못을 되풀이하지 않기 위해서는 어떤 원인으로 잘못된 길로 들어서게 되었는지 분명히 아는 것이 필요하며, 그런 뒤에 그 원인을 근본적으로 없애야 한다고 말씀하십니다.

우선 중생심의 정체에 대해서 알아야 합니다. 중생심의 정체를 깨치는 데 역점을 두지 아니한 수행법으로 수행한다면, 설령 깊은 경지에 몰입한 것 같아도 중생심의 세계로 되돌아갈 가능성이 있습니다. 아상을 진정으로 깨칠 때가 중생심으로 물러서지 않는 금강반야를 얻을 때입니다.

금강반야에 도달할 때, 비로소 모든 희로애락의 장본인인 '나我相'의 정체를 확실히 알게 되고 '참나'를 발견하며, 다시는 그 세계에 물들지 않을 수 있습니다(常). 지금까지 '참나'인 줄 알고 함께 지내왔던 이 '나'라는 것은 거짓이며 또 고통의 근본임을 알기에, 금강반야를 얻는 순간 모든 괴로움의 근본이 사라지고 참되고 영원한 행복에 도달할 것입니다(樂). 가짜 내가 '참나'인 줄로 착각하고 살 때는 이 세상이 뭐가 뭔지를 모르고 모든 것이 불확실합니다. 하지만 금강반야를 얻는 순간 이 세상 모든 것이 분명해지고, 우주의 비밀을 다 알게 되는 밝음의 세계가 펼쳐질 것입니다(淨). 이것을 부처님께서는 금강반야바라밀金剛般若波羅蜜, '금강석과 같은 단단한 지혜로 밝음의 세계, 정토淨土의 세계에 도달한다.'라고 말씀하셨습니다.

알려드립니다. ―•

이 책에서 인용한 『금강반야바라밀경』은 동국대학교 총장을 지내신 불세
출의 도인이며 큰 스승이신 백성욱 박사님 현토懸吐본입니다. 읽기 편하도
록 최대한 띄어쓰기를 하였습니다.
성경은 http://www.holybible.or.kr/에서 인용하였습니다.

1

법회가 열리게 된 동기

法會因由分

내가 이처럼 들었으니,

如是我聞하사오니

　이 구절은 부처님을 일생동안 곁에서 모신 시자이며, 전설적이라 할 만큼 천재적인 기억력의 소유자인 아난 존자의 표현입니다. '내가 이처럼 들었으니'라는 표현 속에는 '내가 기억한 것만을 적는다. 사실이 아닐지도 모른다. 내 선입견이 들어있을 수 있다.'라는 겸손한 내용이 포함되어 있습니다. 그러나 아난 존자는 그의 기억력에만 의존하여 단순히 들은 것을 옮겨 적는, 평범한 기록원의 수준이 아니었습니다. 그는 일생 부처님을 그림자처럼 모시고 그 뜻을 받들어 성심성의껏 여러 가지 일을 해 왔고, 오랜 세월 일심으로 부처님만을 향하고 있었기에, 부처님의 눈빛, 표정 하나만 보아도 부처님께서 무엇을 하시고자 하는지 금방 알아차릴 정도로, 누구보다도 부처님의 마음을 잘 헤아릴 수 있었습니다. 보통 사람이 아닌 부처님과 같은 영감靈感의 소유자를 오래도록 모시는 과정에서, 그는 부처님의 영적인 축복을 많이 받아 대단한 영적 지혜를 얻었을 것입니다. 영감과 지혜가 가득한 아난 존자, 그는 이미 오래전부터 부처님의 한 분신이요, 화신이었을 것입니다. 또한, 그는 사려가 깊고 언행이 신중하였을 것이며, 먼 미래를 헤아리는 통찰력이 있었을 것입니다. 그가 적어 내려가는 금강경의 한 글자 한 글자가 다 깊은 의미가 있고, 용어 하나하나가 적재적소에 배치되어 있습니다. 아난 존자가 기록한 금강경의 한 글자 한 문장은 깊은 진리의 메시지가 담긴 부처님의 음성으로 들어야 마땅합니다.

어느 때, 부처님께서 사위국 기수급고독원에서 1,250명의 비구 스님들과 함께 계셨다.
一時에 佛이 在舍衛國 祇樹給孤獨園하사 與大比丘衆千二百五十人으로 俱하시다.

사위국 기수급고독원은 숫달타라는 큰 부자가 사위국 태자인 기타에게 땅을 사서 지은 절의 명칭입니다. 숫달타는 돈이 매우 많아 큰 절을 지은 사람으로 알려져 있습니다만, 다음의 기록을 참조한다면 숫달타 장자는 단순히 돈만 많았던 것이 아니라, 부처님에 대한 타고난 신심과 대단한 지혜를 가진 사람이었던 것 같습니다.

숫달타 장자에게는 아들이 하나 있었다. 하루는 그가 아들의 혼사를 위하여 왕사성의 부호인 백근 장자의 집을 찾았다. 하지만 백근 장자는 모처럼 찾아온 손님을 접대할 겨를도 없이 집 안팎을 깨끗이 청소하고 꾸미며 준비하기에 분망했다. 숫달타 장자가 그 까닭을 물었더니, 백근 장자는 "내일 이 세상에서 가장 귀중한 손님을 초청하여 대접하기 위해서라네."라고 대답하였다.

"세상에서 가장 귀한 손님이라면? 그분은 임금인가? 사문인가? 브라만인가?"

"임금도 사문도 브라만도 아니고 카필라성 정반왕의 태자로서, 집을 떠나 6년간 수도하여 깨달음을 성취하신 부처님이라는 분이라네."

'부처님'이라는 말을 들은 숫달타 장자는 그 말만으로도 가슴 벅차게 기뻤다. 집에 돌아와서도 그 기쁨을 억누르지 못해 밤새 잠을 이루지 못하고 날이 새기만 기다리다가 서서히 창밖이 밝아오자 성문을 향해 발걸음을 옮겼다. 하지만 얼마를 가도 날은 완전히 새지 않고 주위는 아직 어둠이 남아 있는데, 한 줄기 광명이 어디선가 비추었다. 장자는 그 빛을 쫓아 나아가다가 저 멀리 참으로 잘생긴 부처님의 모습을 찾아내고는 달려가 부처님께 예배하며 여쭈었다.

"밤새 평안히 주무셨습니까?"

"근심도 기쁨도 여읜 빈 마음이어야 맑고 편안하며, 영원히 나고 죽음이 없는 도를 깨달아 열반에 이르게 되느니라. 그런 사람만이 길이 편안한 잠자리를 얻느니라."

부처님의 말씀을 들은 숫달타는 마음이 맑아지고 지혜의 눈이 열리며 감격이 온몸에 넘쳤다. 환희심에 젖은 숫달타는 그때부터 부처님을 위하여 절을 세우기를 서원하였고, 그 길로 사위국으로 들어가 절 지을 장소를 찾았다.

〈우리말 팔만대장경, 법통사〉

지식을 '아는 내용'이라고 한다면 지혜란 '아는 능력', 즉 슬기로움에 해당됩니다. 지혜는 선험적先驗的 창의력이라고도 할 수 있겠는데, 예전의 지혜롭다는 사람들은 학력과는 상관없이 사물의 도리를 잘 파악하였고 어려운 문제에 현명한 판단을 내리곤 하였습니다. 사람의 얼굴만 보고도 그의 마음을 알고 그의 운명까지 헤아릴 수 있었으며, 하늘의 별을 보고 국가의 운명을 예측하기도 하였습니다. 스승에게 배우거나 책을 통하여 알기도 하였지만 스승이나 책 없이 스스로 알기도 하였습니다. 스승이나 책을 통해 배워서 아는 것을 학이지지學而知之라 하고 책과 스승 없이 아는 것을 생이지지生而知之, 즉 선험적 지혜라 합니다. 예전에는 생이지지한 사람이 적지 아니하였던 모양입니다. 수일 이내에 생사를 초탈한 성인의 경지인 아라한도를 얻었다고 하는, 불경 속에 등장하는 천재들은 모두 이와 같은 사람들이라 하겠습니다.

대단한 지혜의 소유자인 숫달타는 기타 태자가 가진 호화로운 정원의 아름다움보다는 그 정원에 충만한 맑고 밝은 기운에 마음이 끌렸고, 그러한 기운이 솟는 것으로 보아 이 땅은 적어도 큰 성인을 오랫동안 모실 만한 성지라고 판단하였습니다. 이와 같은 땅의 소리를 들은 숫달타는 땅 주인인 기타 태자의 무리한 요구 조건을 다 들어주더라도 반드시 사들이겠다고 생각하였습니다. 부처님을 지극히 사모하는 마음과 밝은 지혜의 직관! 이것이 결국 완고한 기타 태자의 마음을 움직였습니다. 이렇게 땅을 사서 지은 절이 바로 '기수급고독원'이며, 부처님께서는 일생 중 가장 오랜 기간인 25년을 이곳에서 보내십니다. 아난 존자가 경 속에서 사위국 기수급고독원의 이름을 분명히 밝히는 데는 이와 같은 특별한 뜻이 있습니다.

수년 전 음력 정월 대보름 새벽에 그곳을 찾았습니다. 부처님께서 25년이나 머무시던 성지여서 그러한가! 정신이 육체에 영향을 미치듯, 화려했던 옛 모습은 흔적도 없이 사라졌으나 어딘지 고요하고 범상치 않은 밝은 기운이 넘치는 듯하여, 그 느낌을 적어 보았습니다.

새벽 3시 한밤중이지만
맑은 하늘에 수많은 별이 새롭고
휴대 전등을 가지지 않아도
숲속의 길 환히 보이고
촛불 켜지 아니하여도
금강경 글자 또렷이 보입니다.

기수급고독원의 옛 절 다 없어지고
수많은 대중이 들끓던 모습 사라졌으며
아난이 심었다는 보리수 사이로

원숭이들이 오르락내리락하지만
그러나 그 중에
세월의 허무만 있지 아니합니다.

아무도 지나지 않는 고요한 아침
만리 이역의 고장인데도
낯선 것 같지 않습니다.
털옷 아니 입고 모자 아니 써도
서울처럼 춥지 아니한 것
남쪽 나라 때문만도 아닌 듯합니다.

금강경 독송할 때
부처님과 수보리의 대화 속에
2500여 년 시간의 벽 조금씩 무너지고
무상의 발자취 사라져
기쁨이 넘칩니다.
하나가 됩니다.

부처님께서 때가 되어 옷을 입으시고, 밥그릇을 가지시고, 사위
성에 들어가셔서 걸식하신 후, 제자리로 돌아오셔서 공양을 하시
고, 밥그릇을 거두시고, 발을 씻으시고, 가부좌하고 앉으셨다.
爾時에 世尊이 食時에 着衣持鉢하시고 入舍衛大城하사 乞食하실새
於其城中에 次第乞已하시고 還至本處하사 飯食訖하시고 收衣鉢하

시고 洗足已하시고 敷座而坐하시다.

'옷, 밥, 집.' 경전과 아무 상관이 없을 듯한 표현이 어째서 경전의 처음에 등장하였을까요? 그 참뜻을 이해하기는 쉽지 않습니다. 그러나 아난 존자가 써놓은 금강경의 한 글자 한 문장에 깊은 진리가 담겨 있다고 굳게 믿으며 그 내용을 연구한다면, 간단한 글귀에서도 범상치 않은 내용을 발견할 수 있습니다. 이미 지혜로운 후학들은 아무 의미가 없는 듯한 이 글귀에서 부처님께서 전하시고자 하는 금강경의 참뜻을 다 전하셨다고 판단하였습니다. 1분의 내용을 공부하는 것이 금강경을 다 공부한 것과 같다고 자신 있게 말하고 있습니다. 옷과 밥 그리고 집에 어떠한 내용이 담겨 있기에 그 속에 금강경이 전부 담겨 있다고 할 수 있을까요?

부처님 49년간의 설법은 탐내고, 성내고, 어리석은 마음을 닦아 밝아지는 데 있다고 요약할 수 있습니다.

탐심은 무엇이며 어떻게 하는 것이 탐내는 마음을 닦는 것일까요?

가진 것이 없는 사람이 밥때가 되어서 밥 먹고 싶은 마음이 나는데, 남의 것을 훔쳐 먹는 마음이면 이를 탐심이라 합니다. 그러나 밥때가 되어 밥 먹고 싶은 생각이 들더라도 주는 음식만을 먹으려 하며, 주는 음식을 받기 위해 그릇을 준비한다거나 급하지 않게 차례를 지킨다면, 이는 또한 분명히 탐심을 닦는 마음의 자세라 할 것입니다.

뛰어난 영감의 소유자인 아난 존자는 먹는 것은 탐심의 표현으로, 밥 먹을 때는 탐심이 발동할 때로 보았습니다. 탐심이 발동하여도 밥그릇부터 준비해야 하고, 주는 것만을 먹어야 하며, 차례차례로 해야 한다고 표현하여, 탐심을 깨치는 방법을 은유적으로 나타내었습니다. 탐심을 깨치는 행위를 '물건을 바라기에 앞서 받을 준비부터 하라持鉢. 상대가 마음 날 때를 기다려 취하라乞食. 무리하게 하지 말라次第乞己.'라고 해석한다면, 이는 현대에도 충분히 적용할 수 있는 경영 철학이요, 경제 원칙이 될 수 있습니다. 개인이 탐심을 깨치는 일은 사회적으로 원만한 경제 활동을 이루는 길이라 하겠습니다.

밥을 탐심에 비유한 것처럼 아난 존자는 성내는 마음, 즉 진심瞋心을 옷에 비유합니다. 옷 없이 지내는 것은 무례함의 표시요, 옷을 잘 입는 것은 예절의 표현입니다. 예절을 갖추고 절차를 밟을 때, 무례함이 사라지고 거친 것이 사라지고 폭언폭력이 사라집니다. 아난 존자는 수도장에서는 정장을 하지 않던 사람들도 밥을 빌러 성으로 들어갈 때는 정장을 하고 거룩한 부처님의 말씀을 듣기 위해서는 더러워진 발을 씻어야 하는 등, 예절을 강조하였습니다.

예절을 지키는 마음은 계를 지키는 마음과 같습니다. 계를 지니는 뜻은 마음이 미안에 머물지 않음을 의미합니다. 마음이 미안하지 않으면 성낼 수 있는 근거가 사라집니다. 왜냐하면, 모든 성냄은 자신의 마음에 미안함을 건드릴 때 생기기 때문입니다. 계를 지키고 예절을 갖출 때, 진심은 발붙일 자리를 찾지 못하고 마침내 마음속에서 제거될 것입니다. 계와 예절은 개인적으로 성내는 마음을 닦아 마음의 평온을 얻게 하며, 나아가 사회적으로 원만한 법률생활을 하는 건전한 사회인이 되게 합니다.

마지막으로 아난 존자는 부처님께서 법회를 열어 치심을 닦는 것을 제시합니다. 가부좌하고 앉으시는 이유는 중생에게 밝은 가르침을 주는 법회를 하시기 위함입니다. 밝은 가르침으로 중생을 어리석음에서 벗어나게 하시고 밝음의 빛을 주십니다. 가부좌하고 앉으셨다는 표현은 어리석음을 제거할 준비를 하였다는 간접적 표현이요, 영적 표현입니다. 개인이 어리석음에서 벗어나는 일이란 지혜로워져서 궁극적 행복을 얻는 정신 활동이라 하겠지만, 사회적으로는 문화생활이라 이름 지을 수 있습니다.

경제생활, 법률생활, 문화생활은 탐내는 마음, 성내는 마음, 어리석은 마음을 깨친 결과로 나타나는 사회생활의 형태라 하겠습니다. 탐진치를 닦고 이 세 가지 생활을 원만히 함으로써 개인적으로는 밝아지고 사회적으로는 건강한 사회인이 되는 것임을 아난 존자는 이미 간파하였고, 이것이 부처님께서 금강경을 설하시는 중요한 목적이라고 보았던 것입니다. 탐진치를 식食의依주住로 절묘하게 표현한 아난 존자의 지혜! 아난 존자의 영감靈感이 담긴 글은 2분에도 계속됩니다.

2

어진 이가 법을 청하다

善現起請分

그때 덕이 높고 지혜로운 수보리 존자가 대중 속에서 일어나, 가
사를 오른쪽 어깨에 걸쳐 메고 오른쪽 무릎을 땅에 대고 합장
하고 공경하며 부처님께 말씀드리기를,
"희유하신 부처님이시여, 부처님께서는 모든 보살을 잘 호념하
시고 잘 부촉하십니까?"
時에 長老須菩提 在大衆中하야 卽從座起하고 偏袒右肩하고 右膝
着地하고 合掌恭敬하야 而白佛言하되,
"希有世尊하, 如來 善_護念諸菩薩하시며 善_付囑諸菩薩하시나니까?"

수보리 존자는 부처님의 10대 제자 중 한 사람으로 특히 공의 도
리를 잘 해석한다고 하여 해공제일解空第一이라는 칭호를 가진 매우
지혜로운 분입니다. 수보리 존자와 같이 깊은 깨달음을 얻은 분들의

한마디 한 동작은 깊은 의미를 지니기 때문에, 지혜로운 사람들도 그 의미를 쉽게 알 수 없을 것입니다.

침묵과 고요 속에 1,250명 대중과 함께 있던 수보리 존자가 침묵을 깨고 일어서서 부처님께 말씀을 드리는 행위는 어떤 깊은 깨달음으로부터 출발한 것이 분명합니다. 수보리 존자는 부처님께서 금강경과 같은 희유한 진리의 가르침을 세상에 펴실 때가 되었음을 그의 혜안으로 간파하였을 것입니다. 아마도 수보리 존자의 심안心眼은 고요히 가부좌하고 앉으신 부처님의 모습에서 평소 어느 때에도 발견할 수 없는 특이한 광명이 흘러나옴을 발견하였을 것입니다. 그 밝고도 밝은 광명은 부처님을 향하고 있는 모든 대중에게 말할 수 없는 편안함을 주고 환희심을 불러일으키는 특이한 위력을 나타내었을 것이며, 이를 보고 지혜로운 수보리 존자는 부처님께서 큰 법을 설하실 때가 되었음을 알아차렸을 것입니다. 왜냐하면, 부처님께서 큰 진리의 가르침을 펴실 때 특이한 광명을 나타내셨기 때문입니다. 다음은 큰 진리의 말씀을 하실 때 부처님께서 광명의 위력을 나타내셨던 이야기입니다.

이때 부처님께서 미간백호상眉間白毫相에서 빛을 놓아 동방 1만 8천 세계를 비추어 그 빛이 이르지 않는 곳이 없었다. 아래로는 아비지옥에서 위로는 유정천有頂天에 이르렀다. 이 세계에 앉아서 그 나라 육도중생을 모두 보며, 그 나라 현재의 부처님도 보고 부처님이 설하시는 법도 들을 수 있었다. 또 사부대중이 수행하여 도를 얻는 이, 모든 보살의 갖가지 인연과 여러 가지 믿고 아는 것과 온갖 모양과 보살도를 행하는 것, 부처님이 열반에 드시는 모습, 여러 부처님이 열반에 드신 뒤 부처님의 사리를 위하여 칠보탑을 세우는 것도 볼 수 있었다. 이러한 희귀한 모습이 대중 속 미륵보살의 눈에 띄었다. 미륵보살은 참 기이한 광경이라 생각하였고, 이 광경은 다른 사람의 눈에는 보이지 않아도 최고의 지혜를 가진 문수보살의 눈에는 띄었을 것으로 생각하고 문수보살에게 질문하였다. "어째서 이런 희유한 일들이 벌어집니까?" 이에 문수보살은 혜안으로 관찰한 후 부처님께서 희유한 법을 설하실 때가 되었다고 답변하였다.

〈법화경 서품〉

수보리 존자는 특이한 부처님 광명에 감동하였을 것이고, 이것이 희유한 진리의 가르침이 펼쳐질 때를 나타내는 징조임을 알았을 것입니다. 그래서 그는 누가 시키지 않았지만 스스로 앉은 자리에서 일어나, 당시의 관습대로 웃어른을 만났을 때 하는 최상의 경례인 오른쪽 어깨를 걷어 메고 오른쪽 다리를 땅에 대고 합장을 하는 예를 하였습니다. 부처님께 예배를 드리는 순간, 말할 수 없는 감동에 휩싸인 수보리 존자는 지금까지 세상에서 그 누구도 사용해본 적이 없는 가장 격조 높은 표현으로 부처님을 찬양하며 인사합니다.

"거룩하신 부처님! 부처님께서는 모든 보살을 잘 돌보시어 마음을 편안하게 하시고, 기쁨이 넘쳐흐르게 하시고, 모든 재앙을 소멸시키시어 마침내 발심에 이르게 하시는 것 같습니다. 그렇지 아니합니까?"

"부처님이시여, 사람들이 부처님의 뜻을 따라서 새롭게 태어나고자 한다면 어떻게 수도생활을 하여야 하며, 어떻게 깨달음을 얻게 되겠습니까?"

"世尊하, 善男子善女人이 發阿耨多羅三藐三菩提心인데는 應_云何住며 云何降伏其心이니잇고?"

새롭고도 희유한 진리를 펴실 때가 됨을 안 수보리 존자는 "어떻게 공부해야 부처님처럼 완전한 행복을 얻겠습니까?"라고 질문의 방향을 분명히 합니다. 발아누다라삼막삼보리심은 두 가지 뜻을 포함합니다. 하나는 발심發心의 뜻입니다. 발심이란 큰 신심을 말합니다. 부처님의 가르침을 세세생생 몸과 마음을 다 바쳐 따르겠다는 정신적 서원을 말합니다. 또 다른 하나는 부처님이 제시하는 길을 적극적으로 실천하는 행동을 뜻합니다. 공경심이 동반되는 믿음과 이에 따르는 실천적 행동은 부처님처럼 되는 길, 완전한 행복을 얻는 길에 필요한 두 가지 요소라 하겠습니다. 수보리 존자는 부처님의 위대성을 발견하고 절대적 신심을 내었고, 부처님의 가르침을 따르며 실천하는 길만이 세상의 그 무엇보다 소중함을 알았을 것입니다.

수보리 존자가 부처님께 여쭙니다.

"저희는 오직 부처님만을 믿고 따르렵니다. 시키시는 대로 잘 실천하겠습니다. 부처님이시여, 어떠한 마음으로 수도를 하여야 이 미혹과 미망에 물든 마음에서 벗어나, 부처님과 같은 절대적 행복을 얻게 되겠습니까?"

부처님께서 답하여 주셨습니다.

"착하고 착하도다. 수보리여, 그대가 말한 것처럼 부처님은 모든 보살을 잘 호념하시고 잘 부촉하신다. 잘 들어라. 그대를 위해 이야기하리라. 선남자선여인이 아누다라삼먁삼보리의 마음을 낸다면, 이와 같이 머무르고 이와 같이 그 마음을 항복받는다."
佛言하사되,
"善哉善哉라. 須菩提야, 如汝所說하야 如來 善_護念諸菩薩하시며 善_付囑諸菩薩하시나니라. 汝今諦聽하라. 當爲汝說하리라. 善男子善女人이 發阿耨多羅三藐三菩提心인데는 應_如是住며 如是降伏其心이니라."

비록 1,250명이라는 많은 대중이 모인 자리이지만 부처님께서 분별심을 절대로 쉬신 것처럼 대중들 또한 분별심을 따라 쉬었을 것이니, 당시 사위국 기수급고독원의 분위기는 고요하기가 마치 만물이 생기기 전 태초의 정적과도 같았을 것입니다. 수보리 존자의 정성스러운 질문을 들으시고 "착하고 착하도다."라고 칭찬하시는 부처님의 얼굴에는 분명 유쾌한 웃음이 감돌았을 것입니다. 수보리 존자의 공부가 매우 무르익어 희유한 진리의 가르침을 설할 때를 잘 알고 그 분위기에 걸맞게 질문한 것을 부처님께서 아셨기 때문입니다. 따라서 "여래 선호념 제보살하시며 선부촉 제보살하시나니라."라고 간단히 대답하신 내용 속에는 다음과 같은 구체적 내용이 포함되어 있을 것입니다.

그래, 그대는 내 뜻을 잘 헤아렸도다. 그대들이 부처님을 향하기 오래 전부터 여래는 그대들을 진리의 길로 인도하기 위하여 늘 노력하였다. 그대들이 부처님을 향하고 있지 않을 때는 부처님께 향하도록 하였고, 부처님을 향한 후로는 그대들을 적극적으로 보호해서 부처님의 가르침에 접근하도록 하였다. 때로는 편안함으로, 때로는 자비로운 음성으로, 뜻하는 바를 이루고자 할 때는 소원성취로, 방심할 때는 무서운 채찍으로, 심약해 있을 때는 격려의 모양으로, 여래는 여러 형태로 보살펴 왔다. 어느 한 순간도 밝음의 길로 인도하는 데 방심하지 않았기에, 여래는 선호념 선부촉하신다고 하였다.

그대들은 지금 그 어느때보다 신심이 성숙하였고, 작은 행복에 만족하지 않고 완전한 행복을 얻어 부처님 같은 큰 성인이 되는 가르침을 받아들일 준비가 되었다. 그대가 마침 때를 알고, 내가 이 세계에 와서 꼭 하고 싶었던 이야기인 아누다라삼막삼보리법, 즉 부처가 되고 완전한 행복을 얻는 방법을 물은 것이다.

부처님께서 말씀하시고자 하는 아누다라삼막삼보리법이란, 작은 행복을 얻는 가르침인 소승법에 만족한 제자들에게 큰 행복을 얻는 대승의 가르침을 따르게 하여 부처님과 같은 큰 성인이 되게 하는 가르침입니다. 부처님의 10대 제자 중 한 사람인 사리불 존자의 이야기를 들어 봅니다.

부처님이시여! 저는 항상 숲속이나 나무 아래에 앉거나 거닐면서 이런 생각을 하였습니다. 우리도 같은 법성法性에 들어 있는데 어째서 부처님께서는 소승법으로 제도하실까? 그러나 이것은 저희의 허물이지 부처님의 허물은 아니었습니다. 아누다라삼막삼보리를 성취하는 설법을 따랐다면 반드시 대승으로 제도하여 해탈을 얻었을 것입니다. 그러나 부처님께서 설하시는 법은 저희들이 공부가 된 정도에 따라 방편으로 설하시는 것을 알지 못하고, 처음 불법(소승법)을 듣고는 이것이 전부인 줄 알았습니다. 부처님이시여! 저는 그전부터 늘 책망하고 뉘우쳐 왔습니다. 이제 모든 의심과 뉘우침이 끊어지고 몸과 마음이 태연하며 편안함을 얻었습니다. 오늘에야 비로소 제가 부처님의 제자임을 알았습니다. 부처님의 입으로부터 났으며 법에서 화하여 났습니다.

〈법화경 서품〉

부처님께서는 수보리 존자의 질문을 매우 반갑고 흐뭇하게 생각하시고 이제야말로 당신께서 가장 하고 싶은 말씀, 가장 전해주고 싶은 말씀을 하시게 된 것입니다. 아마도 부처님께서는 이렇게 말씀하실 것입니다.

그대들이 언젠가 아누다라삼막삼보리의 마음을 내리라고 생각하며 기다리고 있었다. 이제 그 마음을 낼 때가 되었고, 다행히 그대는 그 때를 잘 알고 그것을 성취하는 방법을 질문하니 참으로 기특하고 기특하다.

수보리여! 그대가 이처럼 아누다라삼막삼보리를 얻는 방법을 질문하였기에 내가 꼭 하고 싶은 이야기이며 그대들에게 줄 수 있는 최대의 선물인 부처가 되는 방법을 본격적으로 제시할 마음이 나게 되었다. 왜냐하면, 부처는 설사 무슨 말을 할 때가 되어도 질문할 때 이외에는 대답할 마음을 내지 않기 때문이다.

내가 지금부터 말하는 금강경으로부터 완전한 행복을 얻는 가르침, 부처가 되는 가르침 또한 새로이 탄생할 것이요, 그대들을 비롯한 말세 중생이 이 가르침으로 구제될 수 있으리니 이 얼마나 뜻깊은 일이냐? 이제 그대가 질문하였으니 내가 이제 그대들을 위하여 완전한 행복을 얻는 길을 제시하리라. 잘 들을지어다.

"그렇습니다. 부처님이시여! 듣기를 원합니다."
"唯然이니이다. 世尊하, 願樂欲聞하나이다."

"아누다라삼막삼보리의 마음을 내는 사람은 어떻게 머무르며 어떻게 그 마음을 항복 받겠습니까?"라는 수보리 존자의 질문은 시의적절한 당연한 질문이요 완전한 행복을 추구하는 모든 사람에게 꼭 필요한 질문, 부처님께서 이 세상에 오신 뜻을 밝힐 수 있는 역사적 질문입니다. 이에 대한 부처님의 답변으로 모든 사람을 다 구제하여 완벽한 행복을 얻게 하는 금강경의 말씀을 들을 수 있게 된 셈인데, 어떤 지혜로운 후학은 수보리 존자의 질문만으로도 부처님께서 이미 금강경을 다 설하셨다고 말합니다. 어째서 그러한 판단을 내릴 수 있을까요?

원효 스님은 그의 저술 〈대승기신론소〉에서 '원인과 결과가 때를 같이하기 때문에, 결과가 원인을 여의지 않는다如是因果俱時而有 故

言果不離因故.'라고 하였습니다. 참 지혜로운 사람이라면 씨앗을 봄과 동시에 그 열매를 본다는 내용입니다. 금강경의 첫 구절에 해당하는, 아누다라삼막삼보리를 얻고 싶어 하는 수보리 존자의 질문은 '씨앗'입니다. 지혜로운 사람은 이 씨앗에서 아누다라삼막삼보리법으로 완전한 행복을 얻는 부처님의 가르침, 즉 '열매'를 이미 다 보았다는 뜻입니다. 그들은 지혜롭기에 금강경의 첫 문장에서 이미 금강경 전체를 읽습니다.

—

3

대승을 하는 바르고 핵심이 되는 길

大乘正宗分

부처님께서 수보리 존자에게 말씀하시기를,
"모든 보살은 이와 같이 그 마음을 항복받느니라."
佛告 須菩提하사되,
"諸菩薩摩訶薩이 應如是降伏其心이니"

　수보리 존자의 질문은 머무르는 것이 먼저이며 항복기심은 나중
이었습니다. 말하자면 '어떻게 수도를 하여야 아누다라삼막삼보리를
깨칠 수 있을까?'라고 생각하였습니다. 그러나 부처님께서는 이에
대해 응여시항복기심應如是降伏其心, 즉 깨치는 것이 먼저라고 말씀
하셨습니다. '제대로 깨치고 수도를 하여라. 모르고 수도를 하면 어
찌 참 깨달음에 도달하랴.'라는 말씀과 같습니다.

"중생의 종류인 알로 까는 것, 태로 낳는 것, 습에서 나는 것, 화해서 태어나는 것, 형상이 있는 것, 형상이 없는 것, 생각이 있는 것, 생각이 없는 것, 생각이 있지도 아니하고 없지도 아니한 것, 이 모든 중생을 다 남김없는 열반으로 멸도하리라 하라."

"所有一切衆生之類 若_卵生 若_胎生 若_濕生 若_化生 若_有色 若_無色 若_有想 若_無想 若_非有想非無想을 我皆令入 無餘涅槃하야 而滅度之하리라 하라."

부처님께서는 깨달음을 얻는 방법, 즉 마음 닦는 방법을 말씀하시기 위해서 공부를 매우 잘했던 기존 보살들이 범부였을 때 깨달음을 얻기 위해 공부했던 수도법을 소개하셨습니다. 보살들은 깨달음을 얻기 위해 모든 중생, 가령 알로 까는 중생, 태로 낳는 중생, 습에서 나는 중생…… 등등을 다 제도하여 부처님 만들겠다고 하였다고 말씀하십니다. 무여열반에 넣어 멸도한다는 말은 부처님을 만든다는 뜻입니다.

중생을 부처님 만든다는 표현은 보살의 사홍서원四弘誓願 중 하나인, '중생의 수가 헤아릴 수 없이 많다고 하지만 다 제도하기를 기원합니다衆生無邊誓願渡.'와 내용이 매우 유사하므로, 자칫 잘못하면 깨달음을 얻기 위해서는 헤아릴 수 없이 많은 중생을 제도하여야 한다고 해석하기 쉽습니다. 그러나 깨달음을 얻지 못한 중생이 중생을 제도할 수 없는 일이기에, 깨달음을 얻기 위하여 중생을 제도한다는 해석은 분명 적합지 아니할 것입니다. 그러면 어떻게 해야 제대로 된 해석일까요?

여기서 중생이란 사람이나 짐승 등과 같이 마음 밖의 중생이 아니라 내 마음속의 중생, 즉 탐내는 마음, 성내는 마음, 어리석은 마음을 비롯한 각종 분별심이라고 해석하여야 할 것이요, 부처님 만든다는 것은 분별심을 '부처님' 하는 마음과 바꾼다고 해석하여야 할 것입니다. 다음에 소개하는 한 선지식의 영감 어린 해석은 종래의 금강경 해석과는 획기적으로 다릅니다. 항복기심이 깨달음을 얻는 수도법이 되도록 하는 적합한 해석입니다.

알로 깐 중생若卵生은 부모 관계를 알 수 없는 하나의 개체로 세상에 나오게 되는데, 이는 배은망덕한 용심用心의 결과이다. 태로 낳는 중생若胎生은 남에게 바라고 의지하는 용심의 결과이며, 물고기와 같이 습에서 난 중생若濕生은 늘 감추는 마음이 만든 결과이다. 화생化生이란 내세울 자격은 되지 못하면서 자신을 드러내는 마음이 만든 결과이다. 형상이 있는 것若有色이란 모양은 있어도 내용은 별로 없는 것이며, 형상이 없는 것若無色이란 모양은 없어도 작용을 하는 귀신과 같은 중생을 말한다. 우리의 몸 밖에 있는 이러한 중생을 결과라 할 것 같으면, 우리 마음속에 있는 생각들은 그러한 결과를 가져오게 하는 원인이 되는 중생이라 할 것이다.

모든 중생을 남김없이 열반에 들게 하여 제도하겠다는 뜻은 무엇일까?

마음속에 있는 모든 생각들, 가령 배은망덕하는 마음이나 남에게 의지하는 마음이나 숨는 마음이나 자신을 드러내려는 마음이

나… 이런 마음을 모두 부처 만들겠다고 하라는 것이다.

그러나 중생이 어떻게 중생을 부처로 만들 수 있겠는가!

그 방법은 무슨 생각이든지 제도濟度하시는 부처님께 바치자, 즉 맡기자는 것이다. 생각을 부처님께 바친다는 것은 어두컴컴한 자기 생각을 부처님의 밝은 마음으로 바꾼다는 뜻이다. 자기 마음속의 망념을 부처님 마음으로 바꾸었는지라 제 마음은 비었을 것이며, 제 마음을 비웠다면 지혜가 날 것이다.

이와 같이 금강경 3분을 수도법으로 해석하면, 다음과 같이 보통 사람들도 일상생활에서 실천할 수 있고 수도할 수 있는 금강경이 됩니다.

나는 성불과 해탈을 위해서 모든 것을 부처님께 바치라고 말하고 싶다. 몸도 마음도 탐욕과 진심과 어리석음도 부처님께 바치고, 기쁨도 슬픔도 근심도 고통도 모두 바쳐야 한다. 모든 것을 부처님께 바칠 때 평안이 오고, 일체를 바치고 났을 때 법열이 생기는 것이다. 오욕五慾도 바치고 팔고八苦도 바쳐야 한다. 부처님께서는 우리가 바치는 모든 것을 기꺼이 받아 주신다. 그리고 이렇게 모든 것을 바침으로써 부처님의 가르침이 받아들여지는 것이다.

〈마음을 어디로 향하고 있는가, 김영사〉

"이와 같이 헤아릴 수 없이 많은 중생을 제도하였다지만, 실로 한 중생도 제도 받은 자가 없느니라."

"如是滅度 無量無數無邊衆生하되 實無衆生이 得滅度者니라."

이 말씀의 의미를 다음과 같이 정리해 봅니다. 중생의 눈에 보이는 헤아릴 수 없이 많은 중생이란 실은 마음속에 일어나는 갖가지 생각을 말합니다. 미운 사람, 좋은 사람, 괴로움, 즐거움이 다 마음속의 갖가지 생각입니다. '여시멸도 무량무수무변중생'이라는 표현은 보살이 깨닫기 전의 중생 세계를 말하는 것으로, 헤아릴 수 없이 많은 생각이나 꼭 있는 것 같은 분별심을 부처님께 바치는 행위를 말합니다. '실무중생 득멸도자'는 깨닫고 난 후의 보살의 경지입니다. 마음속의 각종 분별심을 부처님께 모두 바치니 깨닫게 되었는데, 깨닫고 보니 있는 것으로 알았던 나의 생각들이 본래 없는 것이었다는 말씀입니다. 좀 더 이해하기 쉽게 표현하여 봅니다.

깨닫기 전에는 제도하여야 할 중생이 무수히 많다고 생각하였다. 끊어야 할 번뇌가 많고, 해결해야 할 문제도 무수히 많았다. 그래서 중생이라는 생각도, 번뇌도, 고통도, 일어나는 생각을 다 부처님께 바쳤다. 이렇게 부처님께 바치는 일이 끝이 없을 줄 알았다. 그러나 계속 정성스럽게 부처님께 그 생각을 바치다 보니 결국 깨닫게 되었다. 깨닫고 보니 부처님께 바쳐야 할 것이 하나도 없고 바쳐진 중생 또한 하나도 없음을 알았다. 전에는 이를 깨닫지 못해서 수많은 문제가 있었다. 깨치고 보니 모를 것이 없고 괴로울 것도 없더라.

이를 간단한 시로 정리해 보았습니다.

수많은 걱정, 근심, 괴로운 일로
한순간도 편한 날이 없었습니다.
부처님께 바치라는 금강경 말씀 따라
바치고 또 바치고 쉴 새 없이 바쳤습니다.

도저히 아니 바쳐질 것 같은 근심, 걱정,
영원히 아니 되어질 것 같은 수많은 난제
바치면 또 튀어나오고 바치면 또 튀어나오고
그런데 정성이 통했던가 갑자기 문제가 없어졌습니다.

부처님의 선물도, 기적도 아니고
진실한 신심과 성의 있는 실천으로
이기심이 줄어든 것, 탐진치 소멸한 것
아상이 없어진 것, 내가 바뀐 것

외부의 상황 하나 변한 것 없어도
근심 걱정 착각인 줄 알고 즐거워졌고
아니 될 일, 어려운 일 저절로 없어져
즐겁고 희망 넘치고 세상이 보입니다.

모든 화려한 보배, 구족한 부처님의 세계
마음속에 있다는 부처님 말씀 실감하고
바쳐야 할 각종 번뇌 또한 착각이니

실무중생 득멸도자 말씀 깨칩니다.

"왜냐하면 수보리여, 만일 보살이 아상 인상 중생상 수자상이
있으면 보살이 아니기 때문이니라."
"何以故오 須菩提야, 若菩薩이 有我相 人相 衆生相 壽者相이면 卽
非菩薩이니라."

아상我相이 '나'라는 생각이라면 인상人相은 '남'이라는 생각이라고
할 수 있습니다. 중생상衆生相은 남에게 일어나는 분별심으로 '미숙
하다', 수자상壽者相은 '능숙하다'는 뜻으로 해석할 수 있을 것입니다.
'나'라는 생각이 있기에 남이라는 생각이 날 수 있으며, 남이라는 생
각이 있기에 못난 놈, 잘난 놈으로 다시 세분할 수 있지요. 그렇다면
인상과 중생상, 수자상의 뿌리는 '나'라는 생각, 즉 아상이라는 결론
에 도달합니다. 금강경이 아상을 없애는 공부라면, 아상이 무엇인가
좀 더 구체적으로 검토하는 것이 바람직합니다.
　까마득한 오래전에 우리는 부처님과 다르지 않았고, 따라서 나니
부처님이니 하는 구별심은 물론, 일체의 근심 걱정이 없는 극락에서
생활하였다고 합니다. 이처럼 우리는 부처님과 조금도 다름이 없는
존재임에도 불구하고, 부처님과 동일한 존재임을 자각하지 못한 것,
즉 무명無明이 큰 문제가 되어 애욕이 생겼습니다. 애욕에서 무엇을
가지고 싶은 마음이 생기니, 가지고 싶지 않았을 때에는 없는 것처
럼 생각되던 것들이 꼭 필요한 가치有로 생각되었습니다. 이렇게 되
자 본래는 없던 '나'라는 것이 생기고 '남'이라는 것이 생겼습니다. 그

리하여 근심이 생기고 괴로움이 생기고 죽음이 생기게 된 모양입니다(無明→行→識→名色→六處→觸→受→愛→取→有→生→老死의 十二因緣).

이처럼 본래 없었던 '나'라는 것이 생겨 고생하는 사람을 중생이라 한다면, 부처님의 가르침을 실천하여 내가 본래 없음을 깨친 사람을 보살이라 합니다. 법화경에 중생이 부처님의 가르침을 만나 고통의 근원인 '나'를 해탈하는 전 과정이 잘 나타나 있습니다. 법화경에서 가섭 존자는 부처님을 큰 부자인 장자로, 중생은 장자의 아들로 비유하며 다음과 같이 이야기합니다.

어떤 사람이 어릴 때 아버지를 버리고 도망하여 다른 나라에 산 지 50여 년. 점점 늙어가고 더욱 궁하고 가난해져서 여기저기 돌아다니며 의식衣食을 구하다 우연히 본국으로 돌아왔습니다.

그의 아버지는 아들을 찾지 못하고 성에 머물렀습니다. 아버지는 아주 넉넉해서 재물과 보배가 그득하였고 시종과 일꾼들이 많았습니다. 아들은 여러 시골과 도시를 거쳐서 마침내 아버지가 계시는 성에 머물게 되었습니다.

아버지는 '몸은 늙고 재물과 진귀한 보배가 창고에 가득하나, 물려줄 자식이 없으니 내가 죽으면 재물은 하루아침에 흩어지고 말 것이다.' 하며 은근히 아들을 그리워했습니다. 이런 생각도 했습니다. '내가 만일 아들을 찾아서 재물을 물려주게 되면, 마음이 가벼워서 다시는 더 근심이 없으리라.'

아들이 품팔이로 돌아다니다가 우연히 집 대문 곁에 서서 멀리 바라보니, 큰 세력이 있음을 보고 공포심이 생겨 거기에 온 것을 후회하고 이렇게 생각했습니다. '저이가 혹시 임금이거나 임금과 같은 사람은 아닐까? 여기는 나 같은 사람이 품팔이할 곳이 아니로구나. 차라리 가난한 마을에 가서 힘껏 일할 곳에서 의식衣食을 얻는 것이 쉽겠다. 만일 여기 오래 있다가 혹시 눈에 띄어 붙들리면 강제로 잡아 부릴지도 모른다.' 그는 빨리 도망치려 했습니다.

이때 장자는 아들을 곧 알아보고 마음으로 크게 기뻐하였습니다. '나의 재물을 이제야 맡길 곳이 생겼구나. 내가 늘 아들을 생각하였으나 만나볼 도리가 없었는데, 뜻밖에 스스로 오니 이제 나의 소원이 이루어지는구나.' 장자는 곧 곁에 있는 사람을 보내어 그를 급히 데려오게 하였습니다. 명을 받은 사람이 쫓아가서 잡으니, 아들은 크게 놀라 "나는 조금도 죄가 없는데 어째서 잡으려는 것입니까?"라고 부르짖었습니다. 심부름꾼은 그를 붙들기에 급급하여 더욱 강제로 끌고 돌아왔습니다. 이때 아들은 스스로 생각하기를, 죽게 될 것 같아 더욱 겁을 먹고 기절했습니다.

아버지는 멀리서 이를 보고 심부름꾼에게 "그 사람을 쓰지 아니할 것이니 강제로 끌어오지 말라. 얼굴에 찬물을 뿌려 깨어나게 하고 다시 말하지 말라."라고 하였습니다. 아버지는 아들의 마음이 얕고 졸렬함을 알고, 또 자신의 부유함이 아들의 마음을 놀라게 한 것임을 잘 알았기 때문입니다. 그래서 다른 사람에게는 내 아들이라고 말하지 않고, 얼굴빛이 초췌하고 덕이 없는 자 두 사람을 불러 "아들에게 조심스럽게 말하라. 여기 일할 곳이 있으니 품삯은 배로 준다고 하여 그가 허락하거든 데려다가 일을 시켜라. 만약 무엇을 시키느냐 묻거든, 우리와 함께 똥거름을 친다고 하여라." 하며 비밀리에 보내었습니다. 두 사람은 곧 아들을 찾아가 이런 말을 일러주니, 아들은 품삯을 먼저 받고 똥거름 치는 일을 하였습니다.

그의 아버지는 아들을 보고 불쌍히 생각하여 안타까워했습니다. 어느 날 창가에서 멀리 아들을 보니 몸이 말라 초췌하고 먼지투성이로 있으므로, 곧 보배로 꾸민 부드러운 옷과 장신구를 벗어놓고, 떨어지고 냄새나는 옷으로 갈아입고, 오른손에는 거름 치는 그릇을 가지고 성난 얼굴로 일꾼들 보는 앞에서 말하였습니다.

"너는 항상 여기서만 일하고 다른 곳에는 가지 마라. 너에겐 품삯을 더 주리라. 소용되는 모든 물건에 조금도 어려운 생각을 하지 말라. 늙은 일꾼을 쓸 일이 있으면 부리라. 스스로 마음을 편히 가져 나를 네 아버지와 같이 생각하고 걱정하지 말라. 어째서 그러냐 하면, 나는 늙고 너는 젊은데 네가 일할 때 다른 일꾼처럼 속이거나 원망하는 말이 없구나. 그래서 이제부터 친아들같이 하리라."

장자는 그 자리에서 아들의 이름을 다시 지어 주면서 그를 아들이라고 하였습니다.

아들은 이러한 대우를 기뻐하기는 하였으나, 아직도 그 자신은 객으로 온 천한 사람이라고 생각했습니다. 이런 연유로 20년 동안 늘 똥거름을 치고, 믿고 친해져서 출입은 어렵지 않게 했으나, 그가 머무르는 곳은 아직도 본래 있던 곳이었습니다.

그때 장자는 병들어 오래지 않아 죽을 것을 알고 아들을 불러 이렇게 말했습니다. "나에게는 많은 금은과 진귀한 보배가 창고에 가득 찼으나, 그중에 많고 적음을 네가 다 알아서 해라. 내 마음이 이와 같으니 이 뜻을 알아서 처리하라. 왜냐하면, 지금 나는 너와 다르지 아니하니 주의하여 빠져나감이 없도록 할 것이다." 아들은 가르침을 받고 여러 가지 물건과 보물, 모든 창고를 맡아 가졌으나 조금도 그것을 취할 생각이 없었으며, 여전히 본래 있던 곳에 머물러 있었습니다. 이는 비열한 마음을 아직도 버리지 못한 까닭입니다.

다시 얼마가 지나 아들이 스스로 비열하였음을 깨달은 줄 알고, 임종에 당하여 그 아들에게 분부해서 친족과 국왕이며 귀족들을 다 모이게 하고 선언하였습니다. "여러분은 이렇게 알아주십시오. 이이는 나의 친아들입니다. 어릴 때 나를 버리고 도망하여 갖은 고생한 지 50여 년, 본이름은 아무개이고 내 이름은 아무개입니다. 지금 내 소유인 모든 재물은 이 아들의 소유입니다."

〈법화경〉

이 이야기 속에서 아버지를 버리고 달아난 탕자가 고생을 하게 된 근본 원인은, 자신의 고집과 이기심 때문입니다. 가섭 존자는 중생도 이 비유처럼 자신의 고집과 이기심 때문에 부처님 곁을 떠나 하염없는 고생을 하게 된다고 보았으며, 결국은 부처님께서 베푸시는 끊임없는 자비원력에 의해 열등의식에서 벗어나 제정신이 들어 자신이 부처님의 큰 재산을 상속받는 아들임을 깨친다고 보았습니다. 자신이 부처님의 아들이라는 사실을 망각한 것은 가짜 나를 '참나'로 착각하였다는 것과 같으며, 이 착각이 모든 고생의 근본이 되는 셈인데, 이 고생은 모두 애욕 또는 아상이 만든 허구의 작품이라 하겠습니다.

탕자의 이야기를 비유로 들며 부처님(절대자)의 자비에 의한 구원을 설명한 것은 성경의 탕자의 비유와 매우 유사합니다.

예수께서 또 말씀하셨다. "어떤 사람이 두 아들을 두었는데 작은 아들이 아버지에게 제 몫으로 돌아올 재산을 달라고 청하였다. 그래서 아버지는 재산을 갈라 두 아들에게 나누어주었다. 며칠 뒤에 작은 아들은 자기 재산을 다 거두어가지고 먼 고장으로 떠나갔다. 거기서 재산을 마구 뿌리며 방탕한 생활을 하였다. 그러다가 돈이 떨어졌는데 마침 그 고장에 심한 흉년까지 들어서 그는 알거지가 되고 말았다.

하는 수 없이 그는 그 고장에 사는 어떤 사람의 집에 가서 더부살이를 하게 되었는데 주인은 그를 농장으로 보내어 돼지를 치게 하였다. 그는 하도 배가 고파서 돼지가 먹는 쥐엄나무 열매로라도 배를 채워보려고 했으나 그에게 먹을 것을 주는 이는 아무도 없었다.

그제야 제정신이 든 그는 이렇게 중얼거렸다. '아버지 집에는 양식이 많아서 그 많은 일꾼들이 먹고도 남는데 나는 여기서 굶어 죽게 되었구나! 어서 아버지께 돌아가, 아버지, 제가 하늘과 아버지께 죄를 지었습니다. 이제 저는 감히 아버지의 아들이라고 할 자격이 없으니 저를 품꾼으로라도 써주십시오 하고 사정해 보리라.'

마침내 그는 거기를 떠나 자기 아버지 집으로 발길을 돌렸다. 집으로 돌아오는 아들을 멀리서 본 아버지는 측은한 생각이 들어 달려가 아들의 목을 끌어안고 입을 맞추었다.

그러자 아들은 '아버지, 저는 하늘과 아버지께 죄를 지었습니다. 이제 저는 감히 아버지의 아들이라고 할 자격이 없습니다.' 하고 말하였다.

그렇지만 아버지는 하인들을 불러 '어서 제일 좋은 옷을 꺼내어 입히고 가락지를 끼우고 신을 신겨주어라. 그리고 살진 송아지를 끌어내다 잡아라. 먹고 즐기자! 죽었던 내 아들이 다시 살아왔다. 잃었던 아들을 다시 찾았다.' 하고 말했다. 그래서 성대한 잔치가 벌어졌다.

밭에 나가 있던 큰아들이 돌아오다가 집 가까이에서 음악 소리와 춤추며 떠드는 소리를 듣고 하인 하나를 불러 어떻게 된 일이냐고 물었다. 하인이 '아우님이 돌아왔습니다. 그분이 무사히 돌아오셨다고 주인께서 살진 송아지를 잡게 하셨습니다.' 하고 대답하였다. 큰아들은 화가 나서 집에 들어가려 하지 않았다. 그래서 아버지가 나와서 달랬으나 그는 아버지에게 '아버지, 저는 이렇게 여러 해 동안 아버지를 위해서 종이나 다름없이 일을 하며 아버지의 명령을 어긴 일이 한 번도 없었습니다. 그런데도 저에게는 친구들과 즐기라고 염소 새끼 한 마리 주지 않으시더니 창녀들한테 빠져서 아버지의 재산을 다 날려버린 동생이 돌아오니까 그 아이를 위해서는 살진 송아지까지 잡아주시다니요!' 하고 투덜거렸다.

이 말을 듣고 아버지는 '얘야, 너는 늘 나와 함께 있고 내 것이 모두 네 것이 아니냐? 그런데 네 동생은 죽었다가 다시 살아왔으니 잃었던 사람을 되찾은 셈이다. 그러니 이 기쁜 날을 어떻게 즐기지 않겠느냐?' 하고 말하였다."

〈누가복음 15장〉

성경의 비유는 자기고집→이기심→육신의 욕심→영적 빈곤→비천함→굶주림의 과정을 거쳐 타락함으로 나타나고, 깨달음→결심→회개→돌아옴→화목→새 옷을 입음→ 즐거움의 과정을 거쳐 회복하여 돌아오게 됩니다. 고집과 이기심으로 타락하여 고생하고 아버지의 한량없는 자비심으로 회개하여 새 옷을 입게 되는 전 과정은, 법화경의 비유와 매우 유사하며 한결같이 이기심이나 고집, 즉 아상을 모든 괴로움을 일으키는 장본인으로 지적합니다.

우리 마음속에 아상이 만들어 낸 가지가지의 착각 증세인 번민(중생)을 부처님께 바칠 때마다 번민은 힘을 잃고 소멸합니다. 꾸준히 우리의 생각(중생)을 부처님께 바치다 보면, 차츰 착각 증세는 소멸되고 드디어는 병이 뿌리째 없어질 때도 오겠지요. 이 순간이 바로 아상이 소멸하는 순간이요, 깨달음의 순간입니다. 따라서 깨친 사람은 아상이 없으니, 아상에서 생겨난 인상 중생상 수자상 또한 없습니다.

아개영입 무여열반 이멸도지,
모든 생각 부처님께 바치라는 말씀일세.

근심 걱정 다 바치면 부처님은 다 받으시어
평안 얻고 법열 얻어 모든 고통 해탈하네.

부처님께 바치는 순간 부처님과 함께하니
이는 그리스도교와 다르지 않아,
부처님을 절대 공경하니 무신론이라 할 수 없고,
부처님 뜻대로 이루어지니 자력 종교라 할 수 없네.

유신론이면 어떠하고, 타력이면 어떠한가.
탐진치와 멀어지고 마음이 평온하고
분별심이 줄어들면 이 아니 정법인가.

유신론 무신론 모두 정확한 답 아니며
자력 타력, 모두 아상이 만든 허구의 작품.

아상이 없는 것만이 오직 진실이라면
두 손 모아 정성스럽게 부처님 공경하세.

4
묘한 행은 무주로 한다
妙行無住分

수보리 존자의 두 가지 질문, 즉 머무르는 일(수행)과 항복기심(깨달음)의 질문 중 부처님께서는 3분에서 항복기심에 대해서 우선 답변하셨습니다. 이는 수행을 하되 깨친 후에 하라는 말씀으로 받아들일 수 있습니다. 깨친 후에 하는 수행은 보조 스님이 말씀하신 돈오점수頓悟漸修에 비유할 수 있는데, 보조 스님의 〈수심결〉 내용을 살펴보면, 이러한 비유가 타당하다는 것을 명확히 느낍니다.

단박 깨친다頓悟. 범부가 미혹하였을 때에 사대(地, 水, 火, 風)로써 몸을 삼고 망상으로 마음을 삼아서, 제 성품이 바로 진리의 몸眞法身인줄 모르고, 자기의 영지靈知가 참 부처인줄 모르고, 마음 밖의 부처를 찾아 이리저리 헤매다가 홀연히 선지식의 지시를 받아 한 생각 빛을 놀리어回光返照 자기 본성을 보게 되면, 이 성품이 본래 번뇌가 없고 샐 것이 없는 지혜의 성품이 저절로 구족되어 모든 부처님의 법문까지도 다르지 않기 때문에 단박 깨친다고 함이다.

돈오를 설명한 이 말씀은 3분의 항복기심, 즉 깨달음에 대한 설명이요, 착각 증세에서 벗어남을 의미합니다.

차차 닦는다漸修. 비록 본래 성품은 부처와 다름이 없지만, 끝없는 과거로부터 익혀온 버릇을 단박 없애기가 어려우므로, 깨달음에 의하여 닦아서 차차 익혀 성태聖胎를 길러, 오랜 뒤에 성인이 되기 때문에 차차 닦는다고 함이다.

점수漸修에 대한 이 설명은 바로 머무르는 일에 대한 설명과 같으며, 부처님께서는 이에 대해 4분에서 무주상 보시를 예로 들며 답변하셨습니다.

그러면 4분의 내용이 무엇인가? 깨달은 후에는 어떻게 수행하여야 부처님과 같은 완전한 성인이 될 수 있는가? 부처님 말씀을 신심으로 경청해 봅니다.

"수보리여, 보살은 베푸는 일을 할 때에는 머무르는 바 없이 색에 주하지 아니하고 베풀며, 소리, 냄새, 맛, 부드러움 그리고 이해타산에 머물지 말고 베풀어라. 보살은 베풀되 머물지 아니하고 베풀지니라."

"復次 須菩提야, 菩薩은 於法에 應無所住하야 行於布施니 所謂不住色布施며 不住聲香味觸法布施니라. 須菩提야, 菩薩은 應_如是布施하야 不住於相이니"

보살은 깨친 중생이라고 번역합니다. 깨침이란 각종 번민이란 실은 착각 증세일 뿐 본래는 없는 줄 알았다는 것實無衆生 得滅度者을 의미합니다. 그래서 지혜로워졌고 행복해졌다는 것입니다.

중생의 뜻은 무엇인가?

각종 번민이 실제로 존재하는 줄 아는 사람을 뜻합니다.

중생의 수행은 어떠한가?

중생은 번민이 꼭 있는 줄 알고 괴로워하며 이를 없애려고 수행을 합니다. 번민이 꼭 있는 줄 아는 수행은 난행 고행의 수행이요, 가시밭길의 수행이 되기 쉽습니다. 그러나 번민의 뿌리가 본래 없는 것을 깨친 보살의 수행은 즐거운 수행이요 기쁨의 수행입니다.

보시布施란 탐심과 같은 이기심을 소멸하기 위한 불교적 수행을 말합니다. 하지만 각종 번민이 한낱 분별일 뿐 본래는 없는 것임을 모르는 중생은 보시를 하는 경우에도 가시적인 것色이나 소리聲, 향기로움香, 맛味, 부드러움觸, 알음알이法 등 마음 밖의 상相이 꼭 있는 줄 알고 보시하는 것이 그 특징이며, 따라서 보시의 맛과 베푸는 기쁨을 알기 어렵습니다. 보시의 기쁨을 모르는 사람은 보시행을 즐길 수 없기에, 탐욕의 뿌리를 근본적으로 뽑는 데는 성공할 수 없습니다. 다음과 같은 역사적 사실을 회고하며 검토해 봅니다.

예전에 중국의 양나라 임금 무제는 수많은 절을 짓고 수많은 경을 찍고 수많은 승려를 키워냈다. 아마 중국 역사상 이 임금만큼 불사佛事를 많이 한 임금도 없으리라. 그는 부처님 시봉하는 데는 누구보다도 자부심이 있었으며 많은 공덕을 지었다고 생각했다. 그래서 당시 천하를 다 안다는 도인 달마 대사에게 물었다. 불심이 돈독한 임금이라 매우 겸손하게 질문하였다.

"내가 임금이 된 이래 수많은 불사를 하였습니다. 다소나마 공덕이 있겠습니까?"

"실질적 공덕은 하나도 없습니다."

달마 대사는 본 대로 대답하였다. 비록 불심이 강하고 스님을 존경하였던 임금이지만 그는 매우 섭섭하였다. 대사가 간 후 달마 대사를 모셔온 스님에게 따지듯 물었다.

"달마 대사의 참뜻이 무엇이냐? 내가 그동안 수많은 공을 들여 한 불사가 다 물거품이란 말이냐?"

"수많은 불사를 한 것이 복은 되지만, '내가 했다'는 생각으로 불사를 하신 것은 아상의 연습이라, 복은 될지언정 업장이 소멸되지 아니하여, 결국 남는 공덕은 없다 하겠습니다. 달마 대사의 말이 옳습니다. 노여워하실 것 없습니다."

양무제는 자기 소유란 본래 없다는 것을 알지 못했기에 순수하고 즐거운 마음의 보시를 할 수 없었을 것입니다. 즐겁게 하지 못했기에 보시를 했다는 자만심을 내게 되었으며, 따라서 탐욕심의 뿌리를 뽑지 못했습니다. 그러나 보살은 자기의 소유란 본래 없는 것임을 알기에 즐겁고 자발적으로 보시함으로써 양무제의 경우와는 달리 탐욕심과 소득심所得心의 뿌리를 뽑아 완전한 성인이 될 것입니다.

상에 주住하지 않는 보시란 아상이 없이 하는 보시를 말합니다.

어떻게 아상이 없는 보시를 할 수 있을까요?

아상, 즉 이기심이나 선입견의 뿌리가 자신도 모르게 조금이라도 스며있는 한, 아상이 없는 보시는 할 수 없습니다. 이에, 아상이 없이 하는 보시를 제대로 실천할 수 있는 새로운 해석이 필요합니다. 자신의 생각에 의존한 보시, 내 경험을 토대로 한 보시가 아닌 부처님의 가르침을 절대로 따르는 보시 또는 지공무사하신 부처님의 뜻을 기쁘게 하는 보시를 해야 합니다. 내가 하는 보시가 아니라 부처님 기쁘게 해 드리기 위한 보시를 할 때라야 아상이 소멸하며 참 공덕이 됩니다. 상에 주하지 않고 보시하라는 내용을 좀 더 구체적으로 표현하면, '자기 뜻에 따라 보시하지 마라. 부처님 뜻을 따르고 부처님 기쁘게 해 드리기 위해서 보시하여라.'라는 뜻입니다.

"왜냐하면, 머무름이 없이 베풀면 그 복은 불가사량할 것이기 때문이다. 수보리여, 어떻게 생각하는가. 동쪽 하늘이 얼마나 넓은지 다 헤아릴 수 있는가?"

"헤아릴 수 없습니다. 부처님이시여."

"수보리여, 남쪽 서쪽 북쪽 그리고 그사이 그리고 위아래의 하늘의 넓이를 모두 헤아릴 수 있겠는가?"

"헤아릴 수 없습니다. 부처님이시여."

"수보리여, 보살의 무주상 보시의 복덕은 하늘의 넓이를 헤아릴 수 없는 것과 같이 넓고 크다. 수보리여, 보살은 마땅히 이처럼 무주상 보시를 해야 한다."

"何以故오 若_菩薩이 不住相布施며는 其福德은 不可思量하리라. 須菩提야, 於意云何오 東方虛空을 可思量不아"

"不也니다. 世尊하"

"須菩提야, 南西北方四維上下虛空을 可思量不아"

"不也니다. 世尊하"

"須菩提야, 菩薩의 無住相布施福德이 亦復如是하야 不可思量이니라. 須菩提야, 菩薩은 但應如所敎住니라."

머무름이 없이 베푼다면 그 복덕은 상상할 수 없이 많다고 하셨고, 그 상상할 수 없이 많음을 실감 나게 이해시키시기 위해서 이 온 우주의 하늘이 광대함에 비유하십니다. 무주상 보시, 즉 늘 부처님과 함께하는 보시를 행하는 것은 아상의 뿌리를 없애는 행위입니다. 아상이 뿌리째 없어질 때 자신 속의 부처님 성품, 즉 '참나'가 드러납니다.

이미 깨달음을 얻은 혜능 대사가 홍인 대사 문중에서 방아를 찧고 장작 쪼개기를 8개월 동안 한 것은 바로 4분의 무주상 보시의 실천이라 할 것입니다. 그는 방아를 찧는 동안 순수하게 일에만 전념하였다기보다는, 일하는 동안 떠오르는 이기심이나 선입견을 부지런히 부처님께 바치면서 부처님을 기쁘게 해 드렸을 것입니다. 이와 같은 무주상 보시의 실천 결과 그는 또다시 큰 깨달음을 얻었습니다. 그 깨달음을 다음과 같이 표현하였습니다.

어찌 제 성품이 본래 청정함을 알았으리까?

어찌 제 성품이 본래 나고 죽지 않음을 알았으리까?

어찌 제 성품이 본래 구족함을 알았으리까?

어찌 제 성품이 본래 흔들림이 없음을 알았으리까?

어찌 제 성품이 능히 만법을 냄을 알았으리까?

이는 무주상 보시를 실천하여 하늘과 같은 광대한 공덕을 체험한 말씀이라 하겠습니다.

무주상 보시는 집착 없는 보시라 해석하는데

제아무리 집착 없는 보시를 하려 하여도

집착심에 빙의憑依된 중생에겐 불가능한 말씀이라.

이기심과 선입견의 뿌리 제거할 수 없고,

마침내 행복의 길, 깨달음의 길 갈 수 없네.

어떤 밝은 선지식은

집착 없이 보시하여라 말씀하지 않으시고

내 생각에 따라 보시하는 것 다 상에 주함이니

부처님 뜻을 따라 기쁘게 해 드리려고 보시하여라,

결코 내가 한다 하지 말라 하셨네.

—
5
부처님을 옳게 보아라

如理實見分

"수보리여, 어떻게 생각하는가. 몸뚱이를 부처님이라고 생각하는가?"

"須菩提야, 於意云何오 可以身相으로 見_如來不아?"

부처님께서는 수보리 존자에게, "그대는 지금 거룩한 부처님의 모양을 마주하고 있다. 지금 그대 눈에 보이는 부처님의 거룩한 모양이 부처님의 참모습이라 생각하는가?"라고 묻습니다.

금강경은 전체가 모두 보통 사람의 상식으로는 이해하기 쉽지 않은 내용으로 일관되어 있는데, 특히 금강경의 대의가 가장 잘 압축되어 있는 5분의 내용은 더욱 그 뜻을 알기 쉽지 않습니다. 부처님의 마음이 담겨 있고 이해하기 어려우며 대답 또한 쉽지 않은 법문을 선법문禪法門이라 하는데, 마치 선법문과도 같은 부처님의 말씀,

"이 몸뚱이를 부처님으로 생각하느냐?"에 대해 슬기로운 수보리 존자는 어떤 대답을 하였을까요.

"아닙니다. 부처님이시여. 몸뚱이를 부처님으로 볼 수 없습니다. 왜냐하면, 부처님께서 말씀하신 몸뚱이는 몸뚱이가 아니기 때문입니다."
"不也니다. 世尊하, 不可以身相으로 得見如來니 何以故오 如來所說 身相이 卽非身相이니이다."

수보리 존자는, "그렇지 않습니다. 분별심이 없으신 부처님께서는 부처님의 몸을 보시되, 항상 변하지 않는 부처님의 진신眞身만을 보시지만, 분별심에 뒤덮인 보통 사람은 부처님의 몸은 보되, 영원한 몸은 보지 못하고 무상한 육신만을 볼 뿐입니다. 부처님이 보시는 것과 보통 사람이 보는 것은 이처럼 다릅니다."라고 답변하였습니다.
이 답변은 지혜로운 무학 대사의 이야기와 매우 유사함을 알 수 있습니다.

태조와 무학 대사가 회룡사에서 휴식하고 있었다. 태조는 무학 대사와 함께 농담이라도 하면서 한번 웃고 싶었다.
"스님! 오늘 이 고요한 산속에 있고 보니 심심하기도 하고 무슨 해학(유머)이라도 하면서 시간을 보내고 싶소이다. 이 자리에는 아무도 없으니 상대방을 가장 못생긴 것으로 조롱하는 농담을 합시다."

"그렇게 하시지요."

태조는 무학 대사를 향해서 "과인이 스님을 보니 멧돼지가 산 비탈을 지고 가는 모양 같소." 하자 무학대사는 "예, 그러하옵니 까? 산승은 마마를 바라보니 꼭 부처님 같사옵니다." 하였다.

태조는 불쾌한 표정을 지으면서, "오늘 이 자리는 서로 욕지거 리라도 하면서 한번 웃자는 것인데 어찌 그 약속대로 하지 않습니 까?" 하니 무학 대사는 "예, 부처님 눈으로 보면 부처로 보이는 것 입니다. 용의 눈으로 보면 용으로 보이구요." 하였다.

태조는 무학 대사의 지혜로움에 깜짝 놀랐다.

〈소설 무학대사, 감로당〉

수보리 존자의 대답은 부처님 눈으로 보면 모두 부처님으로 보이 고, 돼지의 눈에는 돼지만 보인다는 이야기와도 같은 내용인데, 이 는 보통 사람의 지혜와는 다른, 매우 통찰력이 있는 답변입니다.

어떻게 이처럼 지혜로운 답변이 가능하였을까요?

보통 사람은 종鍾소리를 종에서 나온 소리로 듣습니다. 그러나 아 상이 엷어진 지혜로운 사람이라면 종소리가 종에서 나온 소리가 아 니고 자신의 선입견에 의한 소리임을 알고, 자신의 감정이 담긴 소리 로 듣습니다. 따라서 그는 어떤 현상을 대할 때 겉모습보다는 거기 에 붙어 있는 자신의 선입견을 보고, 이 선입견이란 아상의 그림자 이며 올바르지 않음을 압니다.

지혜로운 사람은 아상을 소멸한 만큼 선입견이 없습니다. 선입견 이 없기에 사물의 참모습을 봅니다. 선입견이 있을 때는 부모 형제나 애인이라 하였지만 선입견이 사라지는 순간 참모습을 발견하게 되며, 드디어 그들을 부처님의 모습으로 볼 수 있게 됩니다.

부처님께서 수보리 존자에게 말씀하시기를,
"모든 상은 다 허망한 것이라."
佛告 須菩提하사되
"凡所有相은 皆是虛妄이라."

부처님께서는 이러한 수보리 존자의 대답에 화답하여 말씀하십니다. "그래, 대답 잘했다. 그대가 보는 이 육신뿐 아니라, 그대가 보는 모든 현상 또한 다 그대의 선입견이라는 아상이 만들어 낸 허상일 뿐이다."

달리 말하면 '정신병에 걸린 어떤 사람이 분명히 보고 들은 것이 있다고 주장한들 그렇게 보고 들은 것이 어찌 제대로 된 것일까? 모두 다 병적 현상에서 본 허황된 견해이다.'라는 말씀과 동일하다 하겠습니다.

"만일 모든 상을 보되 그것이 분별로서 만들어진 상으로 볼 것 같으면 비로소 여래를 볼 수 있느니라."
"若見諸相이 非相이면 則見如來니라."

그러면 어떻게 하여야 아상에 빙의憑依된 보통 사람이 참의 세계, 깨달음의 세계, 부처님의 세계로 진입할 수 있을까요? 그래서 새롭게 태어나 행복한 삶을 살 수 있을까요? 바야흐로 부처님께서는 범부의 세계를 벗어나 성인의 세계로 나아가는 확실한 방법을 제시하십니다.

여기서 제상諸相이란 겉에 나타난 현상이라고 하여야 하겠지만 실은 '자신의 마음속에 아상이 만들어 낸 모든 생각'을 말하는 것이며, 비상非相이란 '참이 아니다.' 하는 판단입니다.

아상으로 출발한 그대들의 생각은 다 옳지 않다. 선입견으로 사물을 보는 습관이 있는데 이 또한 매우 잘못된 습관이다. 꼭 옳다고 믿었던 모든 것이 실은 다 착각이요, 정신병적 증세이다. 그대들의 생각 또는 선입견이 다 옳지 않다고 생각할 때라야만 비로소 아상이 소멸될 것이요, 자신의 아상이 소멸될 때 비로소 지혜의 눈이 뜨여 참 부처님 모습을 볼 수 있다.

다음은 수도를 통하여 아상이 일러주었던 모든 기존의 관념이 근본적으로 다 잘못됨을 알고, 부처님의 세계를 체험했다는 한 수도인의 실감 나는 이야기입니다. 이 이야기로 "아상이 일러주는 생각은 모두 다 잘못이다. 그 생각을 모두 부처님께 바쳐라."라는 금강경의 말씀을 실감하실 것을 기대해 봅니다.

… 스님을 여의고 출가한 후로는 여인의 접촉을 삼가고 일심으로 수도하였습니다. 이미 20여 년 전부터는 세상에서는 본능이라 하여 어쩔 수 없다는 남녀의 성 문제에 대해 별도의 감각이 따로

가져지지 않게 되었습니다. 이제 나는 남녀 성에 대하여 도리어 혐오를 느끼게 됩니다. 그것은 수도 과정에서 지나치는 일일 뿐 결코 정상은 아닙니다.

세속 사람들은 본능本能이니 천성天性이니 하여 도저히 고쳐지지 않는 것으로 알지만, 사실 본능이란 오래오래 해서 아니할 수 없게 된 것을 말함이요, 사실 천성이라 하는 것도-이것을 혼魂이라고도 하지만- 늘 익혀서 능숙하게 된 일, 곧 습관화된 것일 뿐입니다. 사실 본래부터 있는 것이 아닌데, 세상 사람들은 천품을 본래 있었던 것으로 오인하고 있습니다.

혼이 마음인데 마음은 조석으로 변한다면서 혼인들 어찌 달라지지 않을 것이겠습니까?

우리는 본능을 좌우할 수 있고 천성을 임의로 고칠 수 있는 그 공부를 하는 것입니다. 혼적魂的 사랑을 여의게 되어야 사랑의 본체, 곧 일체 애력, 곧 혼과 천성을 부리는 힘을 얻게 되는 것입니다.

혼적 사랑은 남녀 간에 소위 참된 사랑이든지 부모가 자식을 자비로 대하는 등의 사랑인데 "네 병을 내가 대신 앓아 주마! 네 죽을 목숨을 내 목숨으로 바꾸어 주마" 등 칙살맞은 정으로, 아주 작고 아주 좁은 정입니다. 내 사랑! 내 부모! 내 자식만 아는 상대적인 그 사랑은 장차 원수가 되는 날이 있게 됩니다.

그런 단계를 뛰어넘어 일체 애력을 얻은 불교적 사제 간이나 지혜의 동지는, 혹시나 타락하는 친구가 있으면 천만 목숨도 아끼지 않고 백 년 천 년 고생노 돌아보시 않고, 서로 제도하기에 조건을

붙이지 않게 됩니다. 그것이 대아적大我的 사랑이요 평등적 자비
라는 것입니다.

<청춘을 불사르고, 김영사>

이 수도자는 수도하는 과정을 통하여 도저히 고칠 수 없다고 여
겨지는 성품인 천성이나 혼 그리고 본능을 모두 허망한 것으로 인
식하게 되었습니다. 우리는 이 실례를 통해 더욱 금강경의 "그대들의
생각은 모두 허망하다."라는 말씀을 실감할 수 있습니다.

—

6

올바르게 믿는다는 것이 얼마나 드문 일인가

正信希有分

수보리 존자가 부처님께 말씀드리기를,

"부처님이시여, 부처님께서 말씀하신 글귀를 듣고 참다운 믿음을 내는 중생이 있겠습니까?"

부처님께서 말씀하시기를,

"그런 소리 하지 말아라. 부처님이 세상을 떠난 후 후오백세에도 계를 가지고 마음을 닦는 이가 있어, 이 글귀에 믿는 마음을 내어 이것이 참이라고 하는 사람이 있다면, 이 사람은 과거 한두 부처님 전에 선근을 심은 것이 아니라 한없이 많은 부처님 전에 선근을 심었기에 이 글귀를 듣고 한 생각이나마 깨끗한 믿음을 내게 된 것이다."

須菩提 白佛言하되,

"世尊하, 頗有衆生이 得聞如是言說章句하고 生_實信不잇가?"

佛告 須菩提하사되,

"莫作是說하라. 如來滅後後五百歲에 有_持戒修福者 於此章句에 能生信心하야 以此爲實하면 當知是人은 不於一佛二佛三四五佛 而種善根이라. 已於無量千萬佛所에 種諸善根하고 聞是章句하고 乃 至一念이나 生_淨信者니라."

나의 정체가 무엇이냐? 나라는 존재는 참 알 수 없는 것이어서 나라는 존재의 규명은 인류 생성 이래로 계속 베일에 가린 영원한 숙제였습니다.

과연 나의 정체는 무엇이며, 나라는 특성이 없어진 세계 저편에는 무엇이 있나?

대개 사람들은 내가 없는 곳에는 죽음과 적막밖에 없다고 생각하기 쉽습니다. 그러나 부처님은 아상의 '나'가 사라지는 순간에 적막과 죽음이 나타나는 것이 아니라 참나가 나타난다고 하셨습니다. 반갑고 고마운 말씀임은 분명하지만 참 알기 어렵고 믿기 어려운 이야기라 하겠습니다.

수보리 존자는 이처럼 생각하는 사람들의 마음을 헤아리며 부처님께 질문하였습니다. "부처님이시여, 사람들이 이 말씀을 매우 믿기 어렵겠습니다. 믿을 사람이 과연 있겠습니까?" 이때 부처님께서는 "그런 소리 하지 말아라!"라고 큰소리로 꾸짖으셨습니다.

물론 부처님께서도 아상이 없어진 곳에 참나가 나타난다는 사실을 보통 사람이 믿기 어렵다는 것을 모르지 않으셨을 것입니다. 그러나 부처님께서는 "그래. 수보리여, 잘 깨달았다. 그대 말이 옳다."

고 하시지 않았습니다. 반대로 "무슨 소리냐. 그렇지 않다. 이 말을 믿는 사람이 분명히 있다." 하셨습니다. 이 말씀 속에는 고맙고도 자비로운 진리의 메시지가 담겼습니다.

아상을 떠난 부처님에게는 '어려움'이 존재하지 않습니다. 어려울 일 하나 없고 안 될 일 하나 없습니다. 다 가능한 일이요 되어질 일 뿐입니다. '어렵다, 안 된다'라는 생각은 중생의 아상이 만들어 낸 허구의 작품임을 잘 알고 계셨을 것입니다. 이처럼 허구의 작품 속에 묻혀 사는 중생에게 "그대 말이 옳다. 참 알기 어렵고 믿기 어려우리라."고 부처님께서 동의하신다면, 이는 희망을 위축시키는 일이 됨을 잘 아시고, 중생에게 희망과 밝음을 주기 위하여 어떤 말씀을 해야 할까 생각하셨을 것입니다. 우선 중생의 입장에서 지극히 상식적이요 당연한 논리인 '어렵다, 안 된다.'라는 생각을 깨뜨리고 부처님의 밝은 마음을 전해야 할 필요성을 느끼셨을 것입니다.

이 막작시설莫作是說의 소식은 나도 밝아질 수 있다는 희망과 용기의 메시지이며, 부처님의 가르침이 중생에게 두루 전개되는 큰 의미가 있는 고마운 말씀이라 하겠습니다.

부처님께서는 이어서 "이 믿음을 낸 사람들은 무시겁 오랜 세월 동안 수많은 부처님을 모시고 복 짓고 공부해서 선근을 쌓아온 사람이다."라고 설명하셨습니다.

부처님 가르침은 어렵지 않다고 하시면서 또 동시에 노력을 많이 해야 한다는 양면성은 무슨 뜻일까요?

'공부가 어렵다, 안 된다.'는 생각은 성내는 마음, 즉 진심嗔心에 기인합니다. 또 공부를 속히 하고자 하는 마음은 탐심貪心에서 기인합니다. 부처님께서 "가능하다. 된다."라고 말씀하신 배경에는 중생의 진심을 타파하는 데 그 뜻이 있습니다. "단번에 하려 하지 말아라. 많은 부처님 처소에서 복을 짓고 선근을 심어라."라는 표현을 쓰신 것은 속히 하겠다는 탐심을 타파하기 위한 것입니다. 불안감을 말끔히 씻어 주고 가능성을 심어 주며, 동시에 부처님 공부는 진실한 자세로 꾸준히 노력해야 함을 강조하십니다. 이와 같은 부처님의 말씀을 정리합니다.

공부를 어서 하겠다고 하면 탐심, 공부가 어렵다 왜 아니 되느냐 하면 진심, 공부가 잘된다고 하면 치심이니, 이 세 가지 아니하는 것이 수도일진댄 꾸준히 하되 아니하지만 말 것이니, 고인古人은 사가이면면斯可以綿綿 불가이근근不可以勤勤이라 했지요.

〈마음을 어디로 향하고 있는가, 김영사〉

"수보리여, 부처님은 이 믿음을 낸 중생이 헤아릴 수 없이 많은 복과 덕을 얻음을 다 알고 본다. 왜냐하면 이 중생은 다시는 아상 인상 중생상 수자상이 없으며 법상도 없고 비법상도 없기 때문이다."
"須菩提야, 如來 悉知悉見 是諸衆生이 得_如是無量福德이니 何以故오 是諸衆生은 無復 我相 人相 衆生相 壽者相이며 無法相이며 亦無非法相이니이라."

어떤 지혜로운 이가 중생의 삶을 맑은 수정에 붉은 색종이를 댄 것에 비유하였습니다. 붉은 색종이는 아상이요 '가짜 나'이며, 맑은 수정은 '참나'입니다. 붉은 색종이를 댄 수정은 비록 붉게 보이지만 사실 수정이 붉게 물든 것이 아닙니다. 붉은 색종이만 치우면 맑고 투명한 본래의 모습이 나타납니다. 깨끗한 믿음은 능히 붉은 색종이를 치울 수 있습니다.

붉은 색종이를 치우면 맑은 수정의 모습 즉, 참나의 모습이 드러나는데 드러난 참나의 공덕은 그야말로 무량무변합니다. 모든 것을 다 알고, 뜻하는 모든 것을 다 이룰 수 있습니다. 영원하며常 기쁨에 충만하고樂 본래의 불변하는 모습我이고 참 깨끗淨합니다. 고인은 참나의 공덕이 무량무변함을 필설로 다 표현할 수 없다 하여 다음과 같은 시귀로 찬양했습니다.

중생의 수없이 많은 마음을 다 헤아릴 수 있고
큰 바닷속의 물 모두 다 마실 수 있고
하늘을 헤아리고, 바람을 묶을 수 있어도
부처님의 공덕만은 다 알 수 없어라.
찰진심념가수지刹塵心念可數知
대해중수가음진大海中水可飮盡
허공가량풍가계虛空可量風可繫
무능진설불공덕無能眞說佛功德

〈화엄경 입법계품〉

계를 지니고 복을 지으면 차츰 아상이 엷어지고 믿음은 더욱 굳건해져서 드디어는 깨달음을 얻게 되는데, 깨닫게 되면 마치 붉은 색종이를 치울 때 맑은 수정이 나타나듯 무량한 공덕이 나타나며, 일체에 걸림이 없는 대자유인이 됩니다. 대자유인이 되는 것은 수도하여 아상이 뿌리까지 없어졌기 때문이라고 부처님은 말씀하십니다. 인상 중생상 수자상 법상 비법상은 역시 아상의 산물이며, 이들이 모두 없다는 것은 아상이 뿌리째 완전히 없어졌다는 뜻입니다.

이처럼 아상은 모든 병의 원천이며 모든 고통의 근원으로, 제정신을 잃어버리고 언제부터인가 부처님의 곁을 떠나 탕자의 길을 걷게 한 근원입니다. 모든 것이 다 아상의 탓이라는 설명은 계속됩니다.

"왜냐하면 이 모든 중생이 마음에 상을 취하면 곧 아인중생수자를 착着함이 되며, '이것이야말로 참 진리다.'라는 생각을 가져도 또한 아인중생수자에 착着한 것이며, 진리가 아니라는 생각을 가져도 아인중생수자에 착着함이 되기 때문이다."
"何以故오 是諸衆生이 若心取相이면 則爲着我人衆生壽者며 若取法相이라도 卽着我人衆生壽者니 何以故오 若取非法相인데는 卽着我人衆生壽者니라."

중생이 마음에 좋다든지 언짢다든지 그래서 괴롭다는 생각을 가지면, 이는 곧 아상이 문제를 일으키는 것입니다. 그가 이러한 생각을 떨쳐 버리고 부처님 믿고 열심히 수도해서 마음의 평화를 얻었을 때, 그는 아마도 모든 고통에서 벗어나 마음의 평화를 얻는 가장 좋은 방법은 부처님의 가르침을 따라 수도하는 길이며 이것이 유일한 진리의 길이라고 굳게 믿을 가능성이 있습니다. 하지만 이러한 생각 또한 아상의 그림자라 할 것입니다. 달라이 라마도 이와 비슷한 견해를 이야기하였습니다.

가설에 의존하는 과학을 비롯하여 이 세상은 절대적 진리란 없습니다. 부처님의 말씀도 절대적 진리는 아닙니다. 물론 불경에 보면 절대적이고 영원한 진리, 이러한 말들로 가득 차 있습니다. 그런데 이런 말들을 사람들이 매우 잘못 이해하고 있습니다. 부처님의 깨달음이 연기緣起인 한 절대적 진리는 있을 수 없습니다. … 불교에 있어서 구태여 절대적 진리를 말하자면 공空이라는 한마디밖에는 없습니다. … 궁극적으로 비존재는 없지만 실체는 존재하지 않습니다. 그것이 공입니다. … 그러나 공이라는 것을 또 하나의 절대적 진리로 생각하면 그것은 공이 아닌 것입니다. … 우리가 영어로 절대적 진리absolute truth라고 말할 때에 이미 우리는 그 말이 지닌 역사적 인식의 포로가 되어 버립니다. 마치 절대적 진리가 없으면 이 세상은 살 수 없는 것처럼, 그리고 이 우주에는 절대적인 그 무엇이 있어야만 하는 것처럼 어떤 중압감의 포로가 되어 버린다는 것입니다. 이것은 기독교의 유일신론적 사유가 지어낸 서구적 발상의 일대 오류라고 생각합니다.

〈달라이라마와 도올의 만남, 통나무〉

'부처님 말씀은 꼭 옳은 것이다, 영구불변의 진리이다.'라는 판단 역시 아상의 그림자이며, '이것이 참 진리다, 생명을 걸고 보호해야 한다.'라는 주장 역시 아상의 그림자이니 잘못된 줄 알라는 말씀이며,

진리란 없다고 주장한다면 이것 역시 아상의 그림자라는 것입니다.

"그래서 진리도 취하지 말고, 진리 아닌 것 또한 취하지 말아라. 이런 연고로 부처님은 너희 비구들에게 내가 설한 진리란 마치 강을 건너는 뗏목과 같으니, 진리도 당연히 버려야 할 것인데 진리 아닌 것은 말해 무엇 하겠느냐고 말한 것이다."
"是故로 不應取法이며 不應取非法이니 以是義故로 如來常說하사되 汝等比丘는 知我說法을 如筏喻者니 法尙應捨온 何況非法이랴."

그러니 진리이건 아니건 마음을 붙이지 마라. '이 진리가 최고다.'라고 자만하지 말 것이요, '진리란 없다.'라고도 하지 마라不應取非法. 내가 그대들에게 이야기하는 이 가르침 또한 묵묵히 실천하여 밝아지기만 하면 될 뿐이다. 그러나 실은 밝게 하려고 이런저런 예를 들었지만, 그대들을 구제하기 위해서 실제로는 있지도 않은 것을 억지로 진리처럼 만든 것임을 알아야 한다. 따라서 부처님 말씀까지도 버릴 때가 되면 다 버려야 깨달음이 오는 것이요, 새롭게 태어나는 것이다.

이러한 가르침에 대한 실천으로 고인은 '부처님 계신 곳이라 하더라도 머물지 말며, 부처님 아니 계신 곳은 더욱 급히 지나가라有佛處莫得住 無佛處急走過.'고 하였습니다.
아무리 훌륭하고 아름다운 정신이라 하더라도 그것이 인간을 삶의 길로 이끌기보다 죽음의 길로 몰아가며, 행복의 길로 나아가게 하기보다 불행의 길로 유도한다면, 성인들은 '그러한 가르침은 아무리 올바르고 아름답게 보여도 따르지 말아라.' 하실 것입니다. 부처님께서는 현세에 사는 중생에게 다음과 같이 말씀하실 것입니다.

그대들이 진정 밝아지는 데 도움이 된다면 부처님의 가르침도 버려라. 부처님의 가르침이란 무엇이냐? 그대들을 밝게 해 주고 구제하는 데 필요한 수단일 뿐, 부처님의 가르침이 그대들이 지켜야 하는 목표가 결코 될 수 없다. 밝아지는 데 도움이 되는 과정일 뿐이다.

이것이야말로 부처님의 위대성이요, 크나큰 자비 정신입니다. "나도 밝고 지나가라知我說法 如筏喩者."라는 부처님의 말씀은, 다른 종교에서 받들어도 좋을 진리의 말씀이요, 진리를 위해 순교하겠다는 사람들에게도 매우 고마운 말씀입니다. '지아설법 여벌유자'의 가르침이 얼마나 사람을 지혜롭게 하며 행복하게 하는지 다음의 글에서 살펴봅니다.

일본에서 기독교의 박해가 심해지자, 심한 고문 때문에 예수님의 거룩한 얼굴이 새겨져 있는 성화 위에 더러운 발을 올려놓고 말았다는 포르투갈 선교사 페레이라의 소문이 삽시간에 유럽에 퍼졌습니다. 그 이야기를 듣고 가장 실망했던 사람은 이분의 젊은 제자인 로드리고 신부였습니다.

로드리고 신부는 신념을 가지고 더욱 확실한 선교를 위하여 유럽에서 일본으로 왔습니다. 산속에 숨어서 신도들과 엄밀하게 접촉하였으나, 로드리고 신부는 어느덧 체포되어 감옥에 갔습니다. 신부는 하나님을 따르려는 것 이외에는 아무 죄도 없는 신도들이 차례차례로 피 흘리며 죽어가는 것을 목격하였습니다. 견딜 수 없어서 열심히 기도하였습니다.

'하나님 왜 침묵만 하십니까? 이슬비 내리는 해안가에서, 햇빛이 쏟아지는 정원에서 신도가 살해당할 때도 당신께서는 아무 말씀이 없으셨습니다. 그때까지도 나는 참을 수 있었습니다. 그러나 지금은 그렇지 않습니다. 이 신음에 왜 당신께서는 언제까지나 침묵만 하십니까? 하나님께서 분명히 계시다는 것을 온 세상 사람들이 알게 하기 위해서라도 무엇인가 말씀해 주십시오.'

기도하고 또 기도하였습니다. 드디어 로드리고 신부도 평생 동안 가장 신성하다고 믿었던 분, 무수한 인간들의 이상과 꿈으로 가득 채워져 있었던 분, 예수님의 얼굴에 발을 올려놓아야 할 차례가 되었습니다. 그의 마음속의 갈등은 어떠했을까?

그러나 그 순간 기적이 일어났습니다. 그림 속의 예수님은 침묵을 깨고 "나를 밟아도 좋다."고 하셨습니다. "밟아도 좋다. 네 발의 아픔을 내가 잘 알고 있다. 밟아도 좋다. 나는 너에게 밟히기 위하여 이 세상에 왔으며 이 아픔을 나누기 위하여 십자가를 진 것이다."

〈사람 삶 사랑 대학교회 설교집, 이화대학 출판부〉

자신의 얼굴을 밟더라도 로드리고 신부를 살리는 마음, 이것이 참 성인의 마음일 것이요, 자비의 정신이요, 활구일 것입니다.

7
얻은 바도 없고 설한 바도 없다

無得無說分

"수보리여, 어떻게 생각하는가. 부처님이 아누다라삼막삼보리를
얻었는가? 부처님은 설할 법이 있는가?"

"須菩提야, 於意云何오 如來 得阿耨多羅三藐三菩提耶아? 如來 有
所說法耶아?"

보통 사람은 깨달았다는 이야기를 들으면 당연히 깨달은 사람이
있고 깨달은 대상이 있다고 생각합니다. 미워할 때 미워하는 사람과
미워하는 대상이 있으며, 좋아할 때 좋아하는 사람과 좋아하는 대
상이 분명히 있는 것처럼, 사람들의 잠재의식은 깨달을 때도 깨달은
사람과 깨달은 대상이 반드시 있을 것으로 생각하기 때문입니다. 그
들은 자신의 경험에 비추어 부처님께서도 최고의 진리를 깨치셨다고
하니 깨친 그 무엇이 있을 것으로 생각하기 쉽습니다.

보통 사람에게 이러한 생각이 너무 당연하지만, 부처님께서는 이와 같은 생각이 크게 잘못됨을 아시고, 깨친 그 무엇도 없다는 사실을 일깨워주시기 위하여 수보리 존자에게 "부처님이 아누다라삼막삼보리를 얻었다고 생각하느냐?" 하고 물으시면서 그 무지를 해소하려 하십니다. 무지를 해소해야만 신심이 더욱 자랄 수 있고, 신심이 자라야 발심할 수 있다고 생각하셨을 것입니다.

수보리 존자가 대답하기를,
"제 생각으로는 아누다라삼막삼보리란 정해진 모양이 없고 또 정해진 모양이 없는 법을 부처님께서 설하셨습니다."
須菩提言하되,
"如我解佛所說義로는 無有定法을 名阿耨多羅三藐三菩提며 亦無有定法을 如來可說이니"

부처님께서 중생에게 가장 가르쳐 주고 싶은 것이 있다면 당신이 깨달으신 최고의 지혜, 즉 아누다라삼막삼보리를 전해주는 일일 것입니다. 그러나 가르침을 받는 중생이 부처님의 큰 가르침을 받아들일 준비가 되지 않았다면, 아무리 부처님께서 위대한 진리를 가르쳐 주시려 해도 받을 수 없겠지요.

중생이 받아들일 준비가 된 만큼 부처님께서는 말씀하십니다. 중생이 육체적 또는 정신적 괴로움이 심해서 다른 일에 신경 쓸 여유가 없을 때 부처님께서는 우선 괴로움을 해결하는 진리를 가르쳐 주셨습니다. 괴로움이 많은 사람에게 비추는 부처님의 아누다라삼막삼보리의 광명이 곧 부처님의 49년 설법 중 처음 12년 동안의 법문인 아함부阿含部 경전입니다. 괴로움이 많은 사람은 아함경을 통하여 괴로움을 해탈하고 행복해집니다.

육체적 또는 정신적 괴로움은 견딜 만하나 사회 불평등과 계급 차별에 한恨이 맺힌 사람에게는 그 한을 풀어 주는 일이 무엇보다도 중요하였습니다. 부처님께서는 그들에게 '사회 불평등이나 계급 차별은 실은 전생에 원인 지어서 받은 결과이니 지금 좋은 원인을 심으면 앞으로는 좋은 결과를 얻으리라.'라는 뜻의 방등부方等部 법문을 아함부 법문 후 8년간 말씀하시어 한을 풀고 행복을 얻게 하십니다. 방등부의 법문이란 한 많은 사람에게 비추는 아누다라삼막삼보리 광명이라 하겠습니다.

고통의 문제, 사회 불평등의 문제가 모두 해결되자 마음 닦아 성불하는 가르침인 반야부般若部 법문을 21년간 본격적으로 말씀하십니다. 이 반야부의 가르침대로 실천하면 보살이 됩니다.

이처럼 중생은 근기가 다르고 받아들일 자세가 제각각 다르기에 동일한 부처님의 아누다라삼막삼보리의 광명이 때로는 아함경으로, 때로는 방등경으로, 때로는 반야경으로 나타납니다. 이것을 아는 수보리 존자는, "제 생각으로는 아누다라삼막삼보리법은 정해진 법이 없으며, 부처님께서는 중생의 근기에 따라 그들에게 적합한 아누다라삼막삼보리의 광명을 주시어, 그들이 받을 수 있는 만큼 행복을 얻게 하시고 밝음을 주셨습니다."라고 대답하였습니다.

원효 스님도 그의 책 〈법화경 종요〉에서 "부처님이 삼승三乘을 설하신 것은 사람의 차별일지언정 승乘의 차별은 아니다. 불법에 승의 차별은 없다. 왜냐하면 법계법法界法은 차별이 없기 때문이다."라고 하였고, 같은 시대 의상 스님은 "중생을 돕는 보배의 비가 온 하늘에 꽉 찼는데, 중생이 받을 준비된 것만큼 도움을 받네雨寶益生滿虛空 衆生隨器得利益."라 하였습니다.

이처럼 부처님은 누구에게나 한량없는 행복과 광명을 주시려 하지만 중생이 자기 복력 만큼 받는 것은 부처님의 탓이 아니요, 중생의 그릇 탓이라고 설명합니다.

"왜냐하면 부처님이 설하신 법은 모두 취할 수 있는 것이 아니며, 설명할 수 있는 법이 아니며, 진리라고 할 수도 없고, 진리가 아니라고 할 수도 없습니다."
"何以故오 如來 所說法은 皆不可取며 不可說이며 非法이며 非_非法이니이다."

부처님께서는 고통에 신음하는 중생을 위하여 아함경을 설하시어 많은 사람을 구제하여 행복을 얻게 하고 번뇌가 없는 성인인 아라한阿羅漢이 되게 하셨고, 마음에 한 맺힌 사람들을 위하여 방등경을 설하시어 마음의 한을 풀고 큰 행복을 얻게 하여 연각緣覺이라는 성인이 되게 하셨습니다. 따라서 아라한도를 얻은 사람들, 그리고 연각의 과를 얻은 사람들은 이제는 공부를 다 마쳤으며 밝음을 다 이루었다고 생각하기 쉽습니다. 그러나 부처님의 진정한 목적은 모든 중생에게 아누다라삼막삼보리의 밝은 법을 다 전수하시어 부처가 되게 하는 일이었습니다. 아마도 부처님께서는 아라한이나 연각 또는 보살의 행이 전부인 줄 아는 사람들에게 다음과 같이 말씀하실 것입니다.

그것이 나의 가르침의 전부라 하지 말라. 이야기하고 싶은 것은 그것이 아니다. 내가 진정으로 하고 싶은 이야기는 또 있다.

예전에 내가 아함경이나 방등경 또는 반야경을 설했던 그 말에 집착하지 말아라皆不可取. 그때 내가 아함경을 설할 수밖에 없었던 것은 그대들이 고통에 신음하고 있었으며, 따라서 그대들은 아누다라삼막삼보리법을 받아들일 준비가 되지 않았기 때문이다.

이제 고통에서 벗어나서 큰 행복을 얻었지만, 그 행복만으로는 완전하다고 할 수 없다. 그대들의 준비 정도에 따라 더욱 큰 행복을 받을 수 있을 것이요, 더 위대한 가르침도 받을 수 있을 것이다. 이처럼 나의 설법은 정해져 있지 않아 그대들의 용심이나 받아들일 준비 여하에 따라 변하므로, 정형이 없는 이 가르침을 설명하려고 할 것도 없는 것이다不可說. 왜냐하면, 가르침이 문제가 아니라 사람들의 마음이 제각각 다른 것이 문제이기 때문이다.

또 내 가르침은 영원불변의 진리라고 하여서도 아니 된다非法. 그대들의 그릇 또는 받아들일 자세에 따라 변할 수도 있기 때문이다. 하지만 항상 그대들에게 행복을 주고 밝음을 준다는 뜻에서 꼭 필요한 이야기非非法임에 틀림없다.

다음 부처님 말씀으로 이 내용을 더욱 확실히 이해할 수 있습니다.

세간에 이승二乘으로 멸도를 얻을 수 없으니 오직 일불승一佛
乘으로서만 멸도를 얻을 것이다. … 비유하면 오백 유순이나 되
는 험난하고 멀리 있는 길에 인적도 끊어져 겁이 나고 두려운 곳
이 있는데, 많은 사람이 이 길을 지나서 진기한 보배가 있는 곳에
이르려고 한다. 한 도사가 총명한 지혜로 밝게 통달해서 이 험난
한 길이 통하고 막혀 있는 실정을 잘 알아, 여러 사람을 거느리고
그 길을 지나고자 한다. 사람들이 중도에서 피곤하고 게으름이 나
서 말하기를, "우리는 몹시 피곤하고 무서워서 더는 갈 수 없습니
다. 앞길은 아직도 멀고 하니 되돌아갔으면 좋겠습니다."라고 한
다. 여러 가지 방편이 많은 도사는 '불쌍하구나. 어째서 크고도 진
기한 보배를 버리고 물러가려 할까.' 생각하고서는 방편의 힘으로
험난한 길 삼백 유순을 지난 도중에 한 성을 거짓으로 화하여 만
들어 놓고 사람들에게 말하였다. "너희들은 겁내거나 물러서지 말
라. 지금 이 큰 성 중에 머물 만하니 뜻에 따라 하라. 만일 이 성
에 들어가면 안온함을 얻으리라. 그리고 앞으로 보배가 있는 곳에
가려면 또한 능히 갈 수도 있을 것이다." 이때 피곤한 사람들이 크
게 기뻐하며 미증유未曾有라 찬탄하였다. '우리는 지금 이 험난한
길을 모면하고 편안함을 얻었다.' 모든 사람이 앞에 있는 화성에
들어가 이미 목적지에 도달했다는 생각을 내어 안온한 모양이었
다. 그때 도사는 이 사람들이 휴식하여 피곤함이 없어짐을 알고
곧 화성을 없애고 말하였다. "이제 떠나자. 보배가 있는 곳에 가
까이 왔다. 앞서 있던 큰 성은 내가 지어서 한때 휴식시키고자 한
것이다."

비구들이여, 만일 중생이 일불승만 듣는다면 곧 부처님을 보고
자 아니하며, 친견하고자 아니하고 이런 생각을 할 것이다. '불도
는 멀고 아득하여 오래도록 부지런히 고행을 하여야 성취함을 얻
으리라.'

비구들이여, 너희들이 머무르는 경지는 부처님 지혜와 가까우
나 진실이 아니다. 부처님은 방편의 힘으로 일불승을 분별하여 삼
승으로 설한 것이다.

〈법화경 화성품〉

"모든 깨달은 분들은 무위법으로 차별을 나타내시기 때문입니
다."

"所以者何오 一切賢聖이 皆以無爲法에 而有差別이시니이다."

모든 밝은 분이 깨친 법無爲法은 다 동일하며 차이가 없지만, 중생
의 용심이 다 다르고 받아들일 준비 역시 제각각 다르므로, 모든 밝
은 분이 중생에게 베푸는 가르침은 당연히 거기에 맞는 다른 형태로
나타날 수밖에 없습니다. 이 내용을 시로 정리해 보았습니다.

고통으로 신음하는 중생에게는
고통을 면하도록 하셨고,
마음의 한이 많은 중생에게는
한을 풀어 주는 법비 내리시네.

극락세계 찬양하는
아미타불 염송을 권하시며
관음보살을 소개하여
자비심을 가르치시고
유마경을 통해
불이법문不二法門 제시하시지만

이 모든 법문, 실은 다 한 맛이라
본질적으로 다르지 아니하니,
중생의 용심用心 따라
다르게 표현되나
부처님의 자비광명 다르지 않네.

성경 말씀, 논어 이야기
다른 듯 보이지만
어두운 사람들 밝게 해 주시려는
성인의 뜻이
사람들의 용심用心과 분위기 따라
다르게 표현된 것

그 근본은 오직 하나,
밝음

아무 분별 내지 말고
일심으로 성인을 시봉하자.

옳은 것도 버리고
진리도 버리고
모든 사람 다 부처님으로 보라는
금강경 가르침만 따른다면

종교의 모든 장벽 무너지고
마음에 걸림 없고
한없는 기쁨과 평화 속에
최고의 행복 도달하네.

8
모든 진리는 이 가르침으로부터
依法出生分

"수보리여, 만일 어떤 사람이 삼천대천세계에 가득 찬 칠보를 다른 사람을 위해 베푼다면 이 사람이 얻는 복덕이 많은가?"

"須菩提야, 於意云何오 若人이 滿三千大天世界七寶로 以用布施하면 是人의 所得福德이 寧爲多不아?"

삼천대천세계란 옛날 인도 사람들의 우주관으로, 수미산이라는 큰 산을 기준으로 하여 우리가 지금 살고 있는 이곳, 즉 수미산 남쪽을 남섬부주라는 세상으로 보았습니다. 북쪽에 북구로주, 서쪽에 서구다니주, 동쪽에 동승신주라는 세상이 있다고 보았습니다. 이렇게 수미산을 중심으로 동서남북 네 개의 세상이 모여서 하나의 세계를 이룬다고 보았고, 이러한 세계 천 개가 모이면 소천세계, 소천세계 천 개가 모이면 중천세계, 중천세계가 천 개 모이면 대천세계가 된다고 합니다. 삼천대천세계란 천을 세 번 곱하였다 하여 삼천대천세계라 합니다.

보통 사람은 보시, 즉 주는 것은 물건이 내게서 나가니까 손해로 알고, 받는 것은 물건이 나에게로 들어오니까 이익으로 압니다. 따라서 부자가 되려는 사람은 재물을 긁어모으려고 하기 쉽습니다. 그러나 세상 사람들의 통념과는 반대로, 부처님께서는 보시가 복의 근원이라고 말씀하십니다. 부처님 말씀을 잘 몰라도 돈을 많이 벌고 활발하게 경제 활동하는 사람들은 돈을 모으는 방법이 긁어모으는 것이 아니라 베푸는 데 있음을 실감합니다. 물이 담긴 대야를 상대방 쪽으로 밀면, 물은 상대 쪽으로 가지 않고 도리어 자기 쪽으로 오듯, 남에게 베풂은 손해가 아니요, 이익이라고 믿습니다. 작은 베풂도 복이 될 수 있는데 천문학적으로 많은 재화를 다른 사람들에게 베풀어서 발생하는 복은 이루 말할 수 없이 크겠지요.

부처님께서는 베푸는 일의 씨앗이 금생에 복이 되어 돌아오지 않는 경우, 그것이 사라지는 것이 아니라 내생에라도 반드시 복이 되어 돌아온다고 말씀하십니다. 〈인과경因果經〉에는 좋은 일을 하여 좋은 과보를 받고, 나쁜 일을 하여 나쁜 과보를 받는다는 이야기가 많이 있습니다. 그렇지만 인과를 잘 믿지 않는 현대 사회에서는 보시의 선행이 내생까지 이어진다는 이야기를 믿기 어렵습니다. 다음 이야기는 심어 놓은 보시의 씨앗이 내생에까지 이어진다는 내용을 실감하게 합니다.

현재 우리나라 유수의 대기업 회장으로 있는 임 모씨의 실화입니다. 임씨의 할아버지는 전북 부안의 3천 석 부자였는데 마음 또한 넉넉했던 모양입니다. 어느 날 그 할아버지가 마을에 나갔다가 우연히 산모가 먹을 것도 없고 추운 방에서 땔감도 없이 고생하는 것을 보고 측은한 마음이 들어 쌀 서 말과 미역을 사 주었습니다. 또 가난한 사람이 죽어 장례 치를 비용이 없어 시신을 수숫대로 감싸 지게에 지고 가는 것을 보았을 때도, 그는 관과 짚신 등을 마련해 주었습니다. 그러한 소문이 인근에 퍼지자 형편이 어려운 집에서는 너도나도 그 할아버지에게 손을 벌리게 되었습니다. 그러나 그 할아버지는 이러한 많은 일에도 싫증을 내지 않고 계속 이들을 돌보았습니다. 수많은 가산을 다 탕진하도록 도와주는 일을 쉬지 않았습니다.

그러다 할아버지는 세상을 떠나고, 어느 날 임씨 어머니의 꿈속에서 그 할아버지가 자신의 등에 업히려 하였습니다. 비록 꿈이기는 해도 민망스러워서 "아버님, 왜 이러세요?" 하며 뒤를 보니 어느새 아이의 모습으로 등에 업혀 있었습니다. 이 태몽으로 시아버지가 다시 이 집에 태어난다는 소문이 동네에 퍼지게 되었고, 태어난 아들은 무명의 청년일 때도 "지금은 임씨가 가난하지만 그 지은 바대로 크게 성공할 것이다."라는 소문이 있었습니다.

과연 그 청년은 제조업을 바탕으로 성공하여 대기업을 이룩하였고, 지금은 세계적인 기업으로 계속 번성 일로에 있습니다. 그리고 주목해야 할 것은 회사의 주요 간부에서부터 잡역까지 정읍 부근의 사람들이 많다는 것입니다.

〈인과의 세계, 원불교출판사〉

수보리 존자가 대답하기를,

"매우 많습니다. 왜냐하면 부처님이시여, 이 복덕은 복덕성이 아
니므로 부처님께서는 복덕이 많다고 말씀하신 것입니다."

須菩提言하되,

"甚多니다. 世尊하, 何以故오 是福德이 卽非福德性일새 是故로 如來
說 福德多니이다."

복덕성이란 무엇인가? 혜능 대사는 "복덕성이란 물질적 복이 아
니라 정신적 복이며, 정신적 복 중에서도 분별 망상에 속지 않을 수
있는 능력의 복이다슘自性不墮諸有 是名福德性."라고 하십니다. 좀 더
쉽게 표현하면 어떠한 스트레스도 이겨낼 수 있는 능력을 말합니다.
재앙을 당하여도 설사 죽음이 닥쳐도 마음이 근심 걱정에 휩싸이지
않는 능력을 말합니다. 어떤 재앙에도 마음이 흔들리지 않으면 그는
어떠한 난관도 돌파할 수 있습니다. 슬픔을 기쁨으로 만들 수 있고,
불가능을 가능으로 만들 수 있고, 무지를 지혜로 바꿀 수 있습니다.
이처럼 복을 창조할 수 있는 능력이기에 복덕의 성품이라고 하였을
것입니다.

삼천대천세계에 가득 찬 칠보를 베풀면 상상할 수 없을 정도의
큰 복이 되어 되돌아오지만, 그 복은 사람으로 하여금 각종 절망
감에 빠지지 않게 할 정도의 복은 아니라는 것입니다. 재앙을 피할
수 없는 복이요, 한계가 있는 복이라 하겠습니다. 인류 역사상 보
시의 복을 가장 많이 지은 사람을 꼽으라면 중국의 양무제梁武帝
(464~549)를 당할 사람이 없을 것입니다. 그는 부처님 전에 그렇게

좋은 일을 많이 했음에도 불구하고, 행복한 삶을 살지 못했습니다.

　　양무제는 재위 46년간 그 어떤 임금도 해낼 수 없는 불사를 했다. 그가 세운 사찰의 수는 무수히 많고, 키워낸 승려의 수가 10만 명을 넘었다. 그러한 불사 이외에도 그는 부처님의 계율을 철저히 지키고 불교의 교리를 깊게 탐구하며 승복을 걸치고 방광반야경 대반열반경의 대승경전을 직접 강의하였을 뿐 아니라, 훌륭한 정치, 인재의 등용, 대학을 다수 세우는 등 선정을 베풀기도 하여, 국가는 문화적으로 경제적으로 번영을 구가하였다. 그러나 이와 같은 유례없는 큰 불사에도 불구하고 말년에는 왕족 왕자들의 방종을 허락하고 폭군으로 가렴주구苛斂誅求하였으며, 그 결과로 자신이 거두어들인 장수 후경에 의해 감옥에 갇히는 신세가 되었고 결국 옥 속에서 우사憂死하였다.

<신동아, 98. 3.>

　　이러한 사실은 부처님 전에 좋은 일을 많이 한 것만으로는 완전한 행복에 이르지 못할 뿐 아니라, 병이나 죽음 등 재앙을 만나면 아무런 도움이 되지 못함을 일깨워 줍니다. 삼천대천세계에 가득 찬 칠보로 보시해서 얻은 복이란, 이처럼 제한적이요, 일시적이요, 상대적이어서 참 복덕의 성품이 될 수 없다 하겠습니다.

　　"만일 어떤 사람이 이 경 내용 중 최소한 사구게라도 수지독송하여 다른 사람에게 이야기할 것 같으면 그 복이 더욱 많으니,

왜냐하면 모든 부처님과 부처님이 깨달으신 진리가 모두 이 경에서 나왔기 때문이다."

"若復有人이 於此經中에 受持 乃至 四句偈等하야 爲他人說하면 其福이 勝彼니 何以故오 須菩提야, 一切諸佛과 及諸佛阿耨多羅三藐三菩提法이 皆從此經이 出이니라."

옛 어른들의 공부 방법은 매우 간단했습니다. 소리 내어 읽고 외우고 쓰는 것이 전부였습니다. "독서백편의자현讀書百遍義自見"이라는 표현처럼, 비록 뜻이 난해해도 읽고 또 읽으면 뜻이 알아지고 문리文理가 생겼습니다. 학문의 발달과 더불어 각종 효과적이라는 교육 방법이 등장한 현대 사회에서도, 고전을 공부하는 데 읽고 외우고 쓰는 것만큼 효과적인 교육 방법도 없다는 것이 많은 전문가의 의견입니다. 옛 어른들은 지혜로운 사람이 되기 위해서 사서삼경을 소리 내어 읽었고, 훌륭한 군인이 되기 위하여 손자병법을 소리 내어 읽었으며, 훌륭한 의사가 되기 위하여 황제내경을 읽었습니다. 천 번 읽고 만 번 읽어 저자와 한마음이 되어서 주공이나 공자와 같은 성인군자가 되고, 제갈량과 같은 대 전략가가 되고, 편작이나 화타와 같은 큰 의사가 된다고 믿었습니다.

사구게四句偈란 금강경의 내용을 포함하는 간단한 글귀입니다. 부처가 되는 길, 부처님의 법식法式을 써 놓은 금강경을 독송함은 물론, 금강경의 뜻을 포함하는 사구게라도 수지독송한다면, 우리는 그 순간 부처님과 한마음이 될 수 있습니다.

부처님과 한마음이 되는 순간 우리는 탐욕에서 벗어날 수 있으며,

성냄에서 벗어날 수 있으며, 어리석음에서 벗어날 수 있습니다. 부처님을 닮아 인격이 향상되고 마음이 지혜로워져서 생사 문제를 비롯하여 각종 재앙에 대처할 능력이 생길 것입니다. 마음속에는 모른다는 생각이 없어져서 다 알게 되고, 안 된다는 생각이 없어져서 모든 일을 성취할 수 있는 능력이 생깁니다.

늘 최고의 지혜이신 부처님과 함께 있으므로 인생이나 사물의 번성함과 쇠락함이 반복하는 사이클에 있지 않으며, 설사 역경에 처하더라도 늘 행복을 창조할 수 있게 됩니다. 말하자면 복덕성을 얻은 것입니다. 복덕의 성품을 얻었으니 삼천대천세계에 가득 찬 칠보로 보시해서 얻은 복보다 훨씬 많다 하겠지요. 그럴 때는 '부처님! 참 감사합니다.'라는 생각도 들고, '이 경을 읽어서 이처럼 내가 행복해지니 다른 사람을 위해서 이야기하자.'라고 생각할 수 있습니다. 마음에서 우러나와 금강경 대의를 다른 사람들에게 말해줄 것입니다.

"수보리여, 세상 사람들이 말하는 불법이란 참 불법이 아니다."
"須菩提야, 所謂佛法者는 卽非佛法이니라."

세상 사람들은 보시가 불법인 줄 알고, 지계가 불법인 줄 압니다. 다른 사람에게 두루 베풀고 부처님께서 제정하신 계를 지키면 불법을 잘 실천했다고 합니다.

부처님께서 보시하고, 계를 지키라고 하신 참뜻은 무엇일까요?

보시는 탐심을 없앰에 그 뜻이 있고, 지계는 진심을 제거함에 그 뜻이 있습니다. 아무리 많은 사람에게 수많은 재화를 보시하였어도 마음속에 탐심이 그득할 수 있습니다. 아무리 겉으로 계율을 잘 지키는 것 같아도 그 성내는 마음을 다 닦았다 할 수 없습니다. 탐심과 진심을 닦지 않은 채 겉으로 드러나게끔 보시를 하고 지계를 하는 행위를 '소위 불법자'라 표현할 수 있습니다.

세상에서 행해지는 불법이란 대개 이와 같은 이름만의 불법이며 참 불법이 되지 못하는 경우가 대부분입니다. 이러한 불법으로는 마음속에 탐진치를 근본적으로 소멸할 수 없으므로, 진정한 마음의 평화와 행복을 얻을 수 없습니다. 그러나 겉으로 드러나는 화려한 선행을 하지 않았어도 마음속의 때, 즉 탐진치가 본래 공空하여 없는 것을 알고, 자기의 할일만을 하는 사람이라면 이 사람은 참 불법을 행行하는 사람이라 할 것입니다. 참 불법을 행하여 탐심을 제대로 깨치고 진심을 닦으면 진정 큰 힘을 얻게 됩니다.

다음 이야기는 겉으로 불법을 합네 하면서 진정으로 힘을 얻지 못한 경우와 겉보다는 실제로 불법을 행하여 진정 힘을 얻는 경우를 비교한 훌륭한 사례입니다.

중국 역사에는 여자 임금이 딱 한 사람 있다. 바로 당나라의 측천무후이다. 측천무후는 훌륭한 남자를 늘 곁에 두고 국정에 관한 의견을 듣고 싶었지만, 아무래도 주위의 눈총이 두려웠다. 그래서 그는 좋은 꾀를 생각해 내었다. 당대에 덕망 높기로 유명한 두 스님을 궁궐로 초대한 것이다. 한 스님은 당시 국사로 있던 충국사였고 또 한 스님은 신수 대사였다. 함께 있으려면 조금이라도 여색을 탐해서는 아니 되겠기에, 측천무후는 두 스님 중 좀 너 여색에 초연한 스님을 고르려 하였다.

"스님들도 때로는 여자 생각이 나십니까?" 측천무후가 떠보았다. 이에 충국사는 "우리는 절대 그런 일이 없습니다."라고 대답하였다. 그러나 신수 대사는 "몸뚱이 있는 한 그런 생각이 없을 수 없겠지만 다만 방심치 않을 뿐입니다."라고 대답하였다.

측천무후는 두 스님을 목욕탕으로 들여보냈다. 그러고는 반반해 뵈는 몇몇 궁녀를 홀딱 벗겨서 스님의 때를 닦아 드리게 하였다. 그런 후 자신은 목욕탕 꼭대기 유리문을 통해 스님들을 관찰하였다. 그런데 이게 어찌된 일인가. 절대로 여색에 동하지 않는다는 충국사는 몹시 흥분하여 어쩔 줄 몰라 했고, 몸뚱이 착이 없을 수 없다던 신수 대사는 여여如如하여 조금도 달라짐이 없었다. 측천무후는 '물에 들어가니 길고 짧음을 알겠더라.' 하는 시를 짓고 이후 신수 대사를 곁에 늘 모시고 국정을 논하였다.

〈마음을 어디로 향하고 있는가, 김영사〉

9

진리는 한 모양이지만 그 형상이 없다

一相無相分

"수보리여, 수다원이 정말 수다원이 되었다면 내가 수다원의 경지를 얻었다는 생각을 내겠는가?"

수보리 존자가 대답하기를

"아닙니다. 부처님이시여, 수다원이라고 하는 것은 성인의 반열에 들었다는 뜻이지만 드는 바도 없고 색성향미촉법에 물들지도 않으므로 수다원이라 합니다."

"수보리여, 어떻게 생각하는가. 사다함이 정말 사다함의 경지를 얻었다면 내가 사다함의 경지를 얻었다는 생각을 내겠느냐?"

"아닙니다. 부처님이시여, 왜냐하면 사다함은 이름이 일왕래이지만, 실제로는 왕래가 없기 때문에 사다함이라 합니다."

"수보리여, 어떻게 생각하는가. 아나함이 정말 아나함의 경지를 얻었다면 내가 아나함의 경지를 얻었다고 생각하겠느냐?"

"아닙니다, 부처님이시여, 아나함은 이름이 불래不來지만 실제로는 불래도 없기 때문에 아나함입니다."

"수보리여, 어떻게 생각하는가. 아라한이 아라한의 경지를 얻었다면 내가 아라한 도를 얻었다고 생각하겠느냐?"

"아닙니다. 부처님이시여, 왜냐하면 실로 법이 있지 않으므로 아라한이라 합니다. 부처님이시여, 만일 아라한이 내가 아라한 도를 얻었다고 생각한다면 이는 곧 아인중생수자에 착함이 됩니다."

"須菩提야, 於意云何오 須陀洹이 能作是念이면 我得須陀洹果不아?"

須菩提言하되,

"不也니다. 世尊하, 何以故오 須陀洹은 名爲入流로되 而無所入하야 不入色聲香味觸法이 是名須陀洹이니이다."

"須菩提야, 於意云何오 斯陀含이 能作是念이면 我得斯陀含果不아?"

須菩提言하되,

"不也니다. 世尊하, 何以故오 斯陀含은 名이 一往來로되 而實無往來ㄹ새 是名斯陀含이니이다."

"須菩提야, 於意云何오 阿那含이 能作是念이면 我得阿那含果不아?"

須菩提言하되,

"不也니다. 世尊하, 何以故오 阿那含은 名爲不來로되 而實無不來ㄹ새 是故로 名이 阿那含이니이다."

"須菩提야, 於意云何오 阿羅漢이 能作是念이면 我得阿羅漢道不아?"

須菩提言하되,

"不也니다. 世尊하, 何以故오 實無有法을 名이 阿羅漢이니이다. 世尊하,

若阿羅漢이 作是念하되 我得阿羅漢道라 하면 卽爲着我人衆生壽者
니이다."

범부가 분별심이 많고 고통 속에서 사는 사람이라면, 성인은 분별
심이 적고 재앙에서 벗어나 행복의 세계에 머무르는 사람을 말합니
다. 마음을 닦는다는 것은 마음속의 각종 분별심을 없애는 것을 말
합니다. 분별심은 재앙의 근원이므로 분별심을 닦으면 재앙이 소멸
하는 것은 너무나 당연합니다.

불쾌함을 느끼는 것, 고통으로 느껴지는 것, 이것이 다 재앙이요,
사랑하는 사람과 헤어지는 것, 싫은 사람과 함께 사는 것이 다 재앙
이요, 병으로 고생하고 늙고 죽음을 싫어하는 것이 다 재앙이라 하
겠습니다. 이러한 재앙의 근원이 바로 마음속에 일어나는 각종 분별
심이나 생각입니다. 이 생각이나 궁리들을 부처님 만들고(3분 실천),
모든 것을 부처님 기쁘게 하는 마음으로 하며(4분 실천), 모든 사람을
다 부처님으로 보는 연습을 한다면(5분 실천), 마음속의 각종 분별심
은 점차 맥을 잃고 드디어는 소멸하여 생로병사를 비롯한 모든 불쾌
한 일들이 다 사라지게 됩니다. 보이는 사람이 다 부처님으로 보이
고, 하는 일마다 부처님 일처럼 즐거우므로 이 세상은 고해에서 극
락세계로 변하며, 마음속의 궁리와 악심은 완전히 사라지고 부처님
에 대한 신심과 공경심으로 충만할 것입니다.

분별심이 쉰 정도나 죄업을 소멸한 정도에 따라 부처님의 세계를
실감하는 정도도 달라지니, 성인에도 여러 등급이 생기게 되었습니
다.

제일 첫 등급은 성인의 흐름流에 갓 들어온 수다원입니다. 그는 한때 범부였으나 발심하여 탐내고 성내고 잘난 척하는 분별심을 닦고, 까마득한 옛적부터 지어온 업장을 소멸하여 범부를 초월하였기에 성인의 류(흐름)에 들었다고 합니다. 이처럼 성인의 류에 든 사람을 수다원이라 하는데, 수다원보다 더욱 죄업이 소멸하여 내생까지만 죄업의 대가를 치르면 모든 고통을 다 면하는 성인을 사다함이라 합니다. 죄업이 더욱 소멸하여 금생에서만 죄업의 대가를 치르면 내생에는 모든 고통을 면하게 되는 성인을 아나함이라 하며, 모든 분별심이 다 없어져 생사를 완전히 초탈한 성인을 아라한이라 합니다.

이렇게 성인을 분별심이 쉰 정도에 따라 네 등급으로 나눌 수 있는데, 물론 본인 스스로 정하는 것이 아니며, 다른 사람이 정해 주는 것도 아닙니다. 부처님께서 그 사람의 죄업이 소멸한 정도를 보시고, 수다원, 사다함, 아나함, 아라한의 깨달음을 얻었다고 인정해 주어도 흔들리지 아니할 정도가 되면, 그에 상응하는 성인의 등급을 정해 주시는 것입니다.

다음은 수도하는 과정에서 종종 나타날 수 있는 현상으로, 새로운 경지를 볼 때 흔들리지 아니하여야 참 수도인으로 자격을 갖추며, 만일 흔들리면 수도인으로서의 자격이 상실된다는 교훈적인 이야기입니다.

어떤 수도승이 방에 앉아 수도하는데, 산 너머 묵정밭에서 노루가 잠을 자는 광경이 환히 보였다. 그럴 때 밝은 스승을 만나옳은 길을 제시받았으면 좋았을 것이다. 그러나 계제가 없었던 그는, 분명히 노루가 잠자는 광경이 나타나는데 그게 사실인지 확인하고 싶었다. 그는 방을 나와 개울을 지나고 둑을 넘어 묵정밭에 당도하였다. 과연 노루가 잠을 자고 있었다. 그는 스스로 너무도 신통하고 대견스러워서 "맞구나!" 하고 냅다 소리를 질렀다. 그랬더니 그 소리에 놀라 잠이 깬 노루가 후다닥 달아나 버렸다. 노루 등에 붙어 있던 수도승의 마음과 함께…….

껍질만 남은 그 수도승은 어찌 되었을까?

수도하며 무엇인가 알아져도, 그것 역시 부처님께 바칠 뿐 절대로 가지지 말아라.

〈마음을 어디로 향하고 있는가, 김영사〉

"부처님이시여, 부처님께서 제가 다른 사람과 다툼이 없는 삼매를 얻었으므로 깊은 삼매 공부하는 사람 가운데서도 제일 공부 잘하고 있다고 하신다면, 그것은 공부하는 사람 가운데 제일인 아라한이라는 뜻일 것입니다. 그러나 부처님, 저는 제가 깨끗한 아라한의 경지를 얻었다고 생각지 않습니다."

"世尊하, 佛說我得無諍三昧하야 人中最爲弟一이라 하시면 是弟一 離欲阿羅漢이니이다. 我不作是念하되 我是離欲阿羅漢이니이다."

성인의 류에 들었다는 칭찬의 소리만 들어도 마음이 들뜨는 사람이라면, 이 사람은 분별심, 즉 죄업이 별로 소멸되지 않았음을 뜻합니다. 그 들뜨는 마음이 한낱 분별이요, 본래 없는 것임을 알지 못하는 것입니다. 이 사람은 정신이 건강하지 않은 사람으로, 성인의 류에 들지 못했음은 너무나 자명합니다. 반대로 성인의 류에 든 사람은 성인이라는 생각을 하지 않을 정도로 분별심이 많이 소멸된 사람입니다.

'내가 이만큼 되었다.' 하는 소득심은 마음속의 한, 열등감이 많을 때 커집니다. 한恨 많은 사람, 열등감이 많은 사람이 그 한이나 열등감을 소멸하는 과정을 거치지 않고 갑자기 훌륭한 사람이라는 칭호를 듣게 된다면, 이 사람은 반드시 소득심을 가지게 됩니다. 하지만 마음속에 한이나 열등의식이 줄어들고 단계적으로 행복감을 맛볼 수 있다면 소득심은 줄어듭니다. 따라서 수다원, 사다함, 아나함, 아라한이라는 성인의 등급은 입류, 일왕래, 불래라는 이름보다는 한이나 죄업이 차츰 줄어들어 가는 정도로 표현하는 것이 오히려 바람직하며 이해가 쉬울 것입니다.

한이나 죄업이 줄어들수록 소득심도 비례하여 줄어듭니다. 한이나 죄업이 완전히 없어진 때에는, 최고 성인의 과果를 얻었다고 하여도 어떠한 칭찬을 들어도 자만심이나 소득심을 내지 않게 됩니다. 그래서 수보리 존자가 다음과 같이 말한 것입니다.

"부처님께서는 저에게 다툼이 없는 삼매를 얻은 사람 중에서 최고라 칭찬하셨습니다만, 이것은 바로 제가 아라한 중에서도 가장 훌륭한 아라한이라는 뜻입니다. 그러나 부처님이시여, 저는 이러한 칭찬을 듣고서도 제일 훌륭한 아라한이라는 생각을 조금도 하지 않습니다. 왜냐하면, 제 마음속에 모든 죄의식과 한이 다 사라졌기 때문입니다."

"부처님이시여, 내가 만일 아라한도를 얻었다고 생각하며 다소라도 들뜬 생각을 낸다면, 부처님께서는 수보리가 아란나행을 좋아한다고 말씀하시지 않았을 것입니다. 그러나 수보리가 아라한도를 얻었다고 생각하지도 않고 들뜨지도 아니했기에 참 아란나행을 좋아한다고 칭찬하신 것입니다."

"世尊하, 我若作是念하되 我得阿羅漢道라 하면 世尊하, 則不說須菩提가 是樂阿蘭那行者니 以須菩提實無所行일새 而名須菩提 是樂阿蘭那行이니다."

아란나阿蘭那는 무쟁처無諍處의 뜻으로 재앙이 없는 곳을 말합니다. 각종 불쾌함은 다 재앙에 속합니다. 빈곤이 재앙이요, 질병이 재앙입니다. 믿었던 사람으로부터 배신을 당한다면 이것도 재앙입니다. 원하는 것을 이루지 못할 때 실망스럽고 낙심이 됩니다. 이 또한 재앙입니다.

이러한 모든 재앙의 원인은 환경의 탓도, 다른 사람의 탓도, 외부의 그 어떤 탓도 아닙니다. 바로 제 마음속의 각종 궁리, 즉 분별심이 모든 재앙을 불러옵니다. 부처님의 말씀은 말할 것도 없거니와, 공자님 말씀인 〈주역〉에서도 적선지가 필유여경積善之家 必有餘慶, 적불선지가 필유여앙積不善之家 必有餘殃이라 했습니다. 착한 일을 하는 집안에는 반드시 경사가 남고, 악한 일을 하는 집에는 반드시 재앙이 남는다는 말씀입니다. '반드시 필必' 자를 썼듯이 좋은 일에는 반드시 경사가 있고, 나쁜 일에는 재앙이 반드시 뒤따른다는 것입니다. 다만 시간의 간격이 있을 뿐입니다. 이 시간의 차, 즉 좋은 행위와 경사스러운 일이 일어나는 사이, 나쁜 일과 재앙이 일어나는 간격은 수도하는 사람에게서 그 간격이 좁아집니다. 아상이 엷어질수록 업과 과보 사이의 시간은 그만큼 단축됩니다.

도통을 희망하는 사람이 수도 과정을 통하여 아상이 소멸되면, 매우 짧은 시간에, 즉 금생에 도통이라는 대업도 성취할 수 있습니다. 임금 노릇을 하고자 원하는 사람이 수도하여 아상이 엷어지면, 내생이 아닌 금생에도 임금 노릇을 할 수 있습니다. 얼굴이 매우 추하게 생긴 사람이 성형수술을 아무리 잘 받은들 금생에 어찌 절세미인이 되겠습니까? 그러나 추하게 생긴 사람도 미인이 되기를 희망하면서 수도하여 아상이 없어진다면, 금생에 절세미인이 될 수 있습니다. 다음은 〈현우경〉에 나오는 이야기입니다.

부처님이 사위국 기수급고독원에 계실 때이다. 당시 프라세나지트왕의 딸 파사라는 얼굴이 추악하고 살갗은 거칠어서 낙타 가죽과 같았으며 머리털은 억세어 말총과 같았다. …

파사라 공주는 스스로 못생김을 한탄하였다. "나는 전생에 무슨 죄를 지었기에 모양이 이처럼 추해서 다른 사람은 물론 남편에게까지 미움을 받아 항상 어두운 방에 갇혀 해도 달도 보지 못하는 신세가 되었을까?" 그리고 이렇게 생각하였다. '지금 부처님이 세상에 계시며 일체중생을 이익되게 하시므로 괴로운 이는 모두 구원을 입는다는데…' 여인은 지극한 마음으로 멀리서 부처님께 예배하며 빌었다. "원컨대 저를 가엾이 여기시어 제 앞에 나타나 가르쳐 주소서."

파사라의 정성과 공경하는 마음은 참으로 순수하고 돈독하였다. 부처님은 그 뜻을 아셨던가! 그 집으로 오시어 여인 앞으로 땅에서 솟아올라, 먼저 부처님의 검푸른 머리털을 나타내어 그 여인이 보게 하였다. 여인은 고개를 들어 부처님 머리를 보고 못내 기뻐하며, 공경하는 마음이 더욱 깊어졌다. 그러자 그 여인의 머리털도 저절로 가늘고 부드러워지며 검푸른 색으로 변하였다. 부처님은 다시 얼굴을 나타내었다. 그 여인이 기뻐하자 여인의 얼굴은 단정해지며 거친 피부는 사라졌다. 다시 상반신을 나타내시어 금빛처럼 빛나는 몸을 보게 하시었다. 여인이 더욱 기뻐하자 추악한 몸은 사라지고 몸이 단정하고 엄숙하여졌다. 마치 천녀처럼 기묘하여 이 세상에 아무도 따를 자가 없었다. 부처님은 온몸을 나타내셨다. 여인이 기뻐하자 여인의 추악한 모습은 흔적도 없이 사라졌다.

〈현우경〉

마치 전설 같은 이야기이지만 부처님의 신통력이 대단하다는 느낌이 듭니다. 그러나 이는 전설도 아니요, 부처님의 신통력이 대단하다는 이야기도 아닙니다. 죄업이 참회되어 아상이 없어지면 모든 불가능이 사라진다는 고마우신 말씀입니다.

파사라 공주가 부처님을 향하여 자신의 죄를 참회하며 추악한 모습에서 벗어나기를 기원하는 동안, 파사라 공주의 아상의 벽은 얇아졌을 것입니다. 아상이 얇아졌다는 것은 금생에는 도저히 이 추한 모습을 벗을 길이 없다는 생각이 고정불변의 진리가 아니라는 것에 대한 깨달음입니다. 무엇이 안 된다는 생각이나 이것이 나에게는 불가능하다는 관념의 벽이 무너지는 순간, 안될 일 또한 없어집니다. 불가능이 없어지니 금생에 미인도 될 수 있다는 믿음이 생겼을 것입니다. 이 믿음이 무르익자 드디어 오랫동안 지녀온 추한 모습이라는 재앙의 굴레를 벗어나게 됩니다.

수도하는 사람은 이처럼 분별심이 적어지고 아상이 없어지므로 생각이 현실로 되는 데 걸리는 시간이 매우 짧아진다는 이야기입니다. 따라서 아상이 엷어진 수도인은 생각이 바로 현실이 되므로 생각이 일어나는 것을 극히 조심하게 됩니다. 자만하지 않고 들뜨지 않습니다. 공부가 무르익으면 무르익을수록 한시도 방심할 수 없기에, 실무소행하고 오로지 부처님만을 절대로 공경하게 됩니다.

수도하는 사람이 방심하는 것은, 마치 밝은 태양 아래 진한 응달을 만드는 것 같습니다. 내가 아란나를 잘 실천한다고 생각하면 이는 방심하는 것이요, 밝은 빛 아래의 응달, 즉 재앙을 만드는 행위입니다. 그러나 실제로 아란나를 실천하면서도 내가 했다고 하지 않으면 바로 실무소행이 되며, 이것이 모든 재앙의 원인을 만들지 않는 참 아란나행이라 하겠습니다.

10
세계를 정토화하는 방법

莊嚴淨土分

부처님께서 수보리 존자에게 말씀하시기를

"수보리여, 어떻게 생각하는가. 부처님이 예전 연등부처님 처소에서 깨달음을 얻은 바 있는가?"

"아닙니다. 부처님이시여, 부처님께서는 연등부처님 처소에서 깨달음을 얻은 바 없나이다."

佛告 須菩提하사되

"於意云何오 如來 昔在然燈佛所에 於法에 有所得不아?"

"不也니다. 世尊하, 如來 在然燈佛所에 於法에 實無所得이시니이다."

이 내용을 이해하기 위하여, 분별이라는 말의 뜻을 검토해 보겠습니다. 드는 정은 몰라도 나는 정은 안다는 속담처럼, 헤어질 때 비로소 그 사람에게 정든 것을 새삼스럽게 알게 됩니다. 새삼스레 정든 것을 느낄 때 분별을 일으킨 것입니다. 자신을 괴롭히는 사람에게 미워하는 마음을 낸다면 이 또한, 분별입니다. 큰일을 성취했을 때 사람들은 노력 끝에 어려운 일을 해냈다고 생각하며 자긍심을 갖게 됩니다. 이와 같은 성취감이나 자긍심도 또한, 분별입니다. 사물이나 사람을 처음 대할 때 자신도 모르게 가지고 있는 선입견도 분별심입니다. 심지어는 사소한 생각이 떠오르는 것도 분별이 일어난 것입니다.

분별을 잘 일으키는 것이 범부의 특징인데, 이는 정신이 건강치 못해서 생기는 현상입니다. 반면 분별을 잘 일으키지 않는 것이 보살의 특징이며, 이는 아상이 소멸하여 나타나는 건강한 정신 현상입니다. 분별심을 낼 가능성과 그 정도는 사람에 따라 매우 다릅니다. 한이 많고 열등감이 심한 사람, 즉 정신이 건강하지 못한 사람일수록 분별심을 일으킬 가능성은 더욱 크고, 분별의 양 또한 매우 많습니다. 아무리 정신이 건강치 못한 사람도 마음속에 탐진치를 부지런히 닦아서 아상을 소멸하면, 어떤 상황에서도 마음이 흔들리지 않고 분별심에 휩싸이지 않게 됩니다.

분별심이 쉬면 우선 마음이 평화로워집니다. 분별이 쉰 사람은 사람을 대할 때 '좋다, 언짢다'라는 선입견이 없으므로 제대로 사람을 알게 되며, 일을 대할 때 '어렵다, 싫다'라는 생각이 없으므로 지혜로운 판단으로 일할 수 있습니다.

일에 대한 성취감을 소득심이라 합니다. 보통 사람이라면 큰일을 성취한 후 소득심을 갖는 것은 너무나 당연합니다. 그러나 분별심이 쉬어 정신이 건강한 사람은 소득심을 내지 않습니다. 또한, 보통 사람이 크게 낙심할 상황에서 쉽게 낙심하지 않고, 승리감에 도취할 만한 경사가 있어도 여여부동如如不動합니다.

석가모니 부처님께서는 숙세에 연등부처님이 출현하셨을 당시에 수행자 노릇을 하셨던 모양이고, 그때 마음을 닦아 깨달음을 얻으셨던가 봅니다. 이 깨달음이란 각종 분별심에서 벗어나 정신이 건강해짐을 의미합니다. 따라서 깨친 사람은 소득심이라는 병적 상태를 일으키지 않습니다. 또 반대로 깨쳤다고 자랑하며 소득심을 내는 사람이 있다면 이는 분별이 일어난 것으로, 제대로 깨치지 못한 것입니다. 전생의 석가모니 부처님께서는 정신이 건강하고 지혜로운 수행자로서 깨달음이라는 생애 최고의 선물을 얻으셨어도 소득심이라는 착각 상태를 재현하지 않은 것은 너무나 당연합니다.

"수보리여, 어떻게 생각하는가. 보살이 부처님의 국토를 장엄하겠는가?"
"아닙니다. 부처님이시여, 부처님 국토를 장엄하는 것은 곧 장엄이 아니고 그 이름이 장엄일 뿐입니다."
"須菩提야, 於意云何오 菩薩이 莊嚴佛土不아?"
"不也니다. 世尊하, 何以故오 莊嚴佛土者는 則非莊嚴일새 是名莊嚴이니이다."

장엄불토란 무엇일까요?
깨달음의 관문을 통과하면, 보통 사람은 보살로 새롭게 태어납니다. 깨달음을 얻은 보살은 아상이 소멸하였기에 '나와 너'라는 분별심이 없습니다. 나의 일을 남의 일처럼 객관적으로 볼 수 있기에 지혜로워지며, 남의 일을 내 일처럼 생각할 수 있기에 자비심이 생깁니다. 지혜와 자비를 갖춘 보살은 남의 고통을 소멸하는 것이 곧 자신의 고통을 소멸하는 것이며, 남이 밝아지는 것이 곧 내가 밝아지는 것으로 압니다. 나와 남이 다르지 않음을 깨달았기에 그들은 항상 중생과 함께 재앙에서 벗어나 밝음으로 가는 행위를 하게 되는데, 보살의 이러한 행위를 '장엄불토'라 합니다.

　보살은 정신이 건강하여 자신이 이룩한 각종 업적에도 분별심을 일으키지 않는 힘이 있기에, 장엄불토를 하여도 장엄불토를 하였다는 생각을 하지 않는 것은 너무도 당연합니다. 다른 사람들이 "어찌 당신은 다른 사람들이 하지 못하는 거룩한 일을 잘하십니까?"라고 칭찬한다면, 아마도 그는 "당신들의 눈에는 거룩한 일처럼 보이지만 나에게는 당연한 일이요, 즐거운 일입니다." 할 것입니다. 설사 세상 사람들이 위대한 일을 성취하였다고 칭찬하여도, "내가 한 일은 위대한 일도 아니며 또 소득심을 가져야 할 어떠한 이유도 없습니다." 라고 대답할 것입니다. 이것이 "장엄불토자 즉비장엄 시명장엄"의 내용입니다.

　"그러므로 수보리여, 참 보살은 마땅히 색 소리 냄새 맛 촉감 알음알이에 머물러 마음을 내지 말 것이니 마땅히 머무르는 바 없이 그 마음을 낼 것이다."
　"是故로 須菩提야, 諸菩薩摩訶薩이 應如是生_淸淨心하되 不應住色生心이며 不應住聲香味觸法生心이며 應無所住하야 而生其心이니라."

성인의 첫 단계는 수다원이고 최종 단계는 부처님입니다. 부처님께서는 9분에서 분별심에 뒤덮인 보통 사람이 마음을 닦아 수다원이 되고, 사다함, 아나함의 과정을 거쳐서 아라한이라는 성인이 됨을 말씀하셨습니다. 10분에서는 보살의 깨달음을 언급하신 후, 보살행(장엄불토)을 하여 최고의 성인이 되는 과정을 말씀하셔서 밝아지는 전 과정을 차례로 밝히셨습니다.

부처님께서는 범부에서 정신적으로 성장하여 보살이 되기까지, 성인의 과를 얻고 성인의 행을 하는 각 과정에서 한결같이 '소득심이 없어야 함'을 강조하십니다. 달리 표현하면 좀 더 고차원의 성인이 되기 위해서는, 단계마다 다 '수행하는 것 같지 않게' 수행하여야 도의 진전이 가능하다는 것입니다. 수행하는 것 같지 않게 수행한다는 말은 순수하게 좋아서 하는 수행이라는 뜻이요, 수행 자체를 즐기면서 하는 수행을 말합니다. 말하자면 아상이 없이 수행해야 합니다.

이런 점은 수도의 과정뿐 아니라 세상일에도 동일하게 적용됩니다. 목표를 빨리 달성하기보다 과정 자체를 순수하게 즐길수록 목표에 빨리 그리고 확실하게 접근할 수 있을 것입니다. 평범한 지능으로 천재가 되려 하고 가난한 사람이 큰 부자가 되려 하면 요행을 기대할 수 없음은 물론이요, 피나는 노력을 기울여도 꼭 이루어지지는 않습니다. 목표를 꼭 이루겠다는 불같은 집념으로 노력하기보다는 그 과정만을 순수하게 즐길 수 있을 때 목표를 달성할 가능성이 훨씬 크다고 하겠습니다. 공자께서도 〈논어〉에서 "단순히 방법을 알기만 하는 사람은 방법을 좋아하며 실행하는 사람만 못하고, 방법을 좋아하며 실행하는 사람은 방법을 즐기며 실행하는 사람만 못하다 知之者 不如好之者 好之者 不如樂之者."라고 하였습니다. 순수하게 즐기는 일은 집념을 가지고 노력하는 일보다 이상을 가장 엷게 하는 일이어서, 세상일이든 수도든 그 성취를 용이하게 합니다.

> 천재가 따로 있나 즐겨 공부하세.
> 부자가 되려거든 일하기 즐겨하세.
> 외롭지 않으려면 남 돕기 즐겨하고,
> 행복 속에 살려거든 감사를 즐겨하세.

> 절대적 가치인 깨달음 원하여도,
> 다른 방법 있지 아니하네.
> 내가 깨닫겠다 하지 말고,
> 부처님 기뻐하실 일 즐거이 하여 보세.

수도인이 깨달음을 얻고자 하거나 부처님과 같은 위대한 인물이 되려고 한다면, '부처님'이나 '깨달음'이 수도인의 목표가 될 것입니다. 그러나 그 목표를 달성하기 위해서는 목표를 꼭 달성하겠다는 마음을 내지 않는 것이 더욱 좋습니다. 부처님을 사람처럼 생각하며 무엇을 바라거나 요구하여서는 더욱 안 될 것입니다. 부처님의 가르침에 대한 믿음을 굳건히 하여, 부처님 가르침을 즐겁게 실천합니다. 즉, 부처님 기쁘게 해 드리겠다고 발원하면 매우 좋습니다.

마음 닦는 과정을 이렇게 정리한다면, 부처님께서는 "마음 잘 닦은 보살들은 이렇게 수행해 왔노라. 그대들도 마땅히 이렇게 수행하여야 부처님의 밝음을 얻을 것이다."라고 하시며 다음과 같이 말씀하실 것입니다.

그대들은 이 세상에서 각종 화려하고 매력적인 일들이 많이 벌어짐을 보고 있다. 그 일들이 설사 아무리 화려하고 매력적이라 하더라도 자신의 이기적 목적을 위해서 그 일을 추진하려 하지 말아라不應住色生心 不應住聲香味觸法生心. 반대로 부처님 시봉하기 위해서 부처님을 즐겁게 해 드리기 위해서 일을 추진하여라應無所住 而生其心.

자기 자신이 참나라고 생각하느냐? 자기 자신이란 참나가 아닌 가짜 나이다. 자기 자신을 참나로 보는 것 자체가 큰 착각인데, 자기 자신을 위해 아무리 화려한 일을 한들 그것은 착각의 연습을 더욱 심화시키는 것이다. 반대로 부처님 기쁘게 해 드리려고 각종 매력적인 일들을 추진한다면, 이는 참나를 드러내는 일이며 착각 현상에서 벗어나는 일이기에 정말 부처님이 기뻐하실 일이라 할 수 있다.

여기에 부처님께서 '응무소주應無所住'라고 '마땅히應'라는 표현을 쓰신 것을 유념해야 합니다. 부처님께서는 "밝아지는 방법, 수행하는 방법에는 참선 염불 위파사나 명상 요가 등 여러 형태가 있다. 어떤 방법으로 수행을 하든지 자기가 수행한다고 하지 말고, 부처님 기쁘게 해 드린다는 대원칙은 반드시 지켜야 한다."라고 말씀하십니다.

탐貪

본능대로 사는 것 쉬운 일이지만 괴로우며,

부처님 뜻 시봉의 일, 희생이나 행복이네.

진嗔

불평하며 사는 일 자연스러우나 재앙이요,

모든 일에 감사함은 어려우나 축복일세.

치癡

나 잘난 것 과시하면 재미있으나 어두웁고,

부처님 기쁘게 해 드리면 기쁨 얻고 밝아지네.

다음은 구원과 해탈을 위해서 제시하신 대원칙이라고 할 수 있습니다. 자기가 한다고 하지 않고 반드시 절대자를 따르고 그분을 기쁘게 해 드린다는 대원칙은 동서고금에 두루 걸쳐 영원한 수행법임을 새롭게 알 수 있습니다.

나더러 '주여, 주여!' 하는 자가 다 천국에 들어갈 것이 아니요,

다만 하늘에 계신 내 아버지의 뜻대로 행하는 자라야 들어가리라.

〈마태복음 7장 21절〉

"수보리여, 비유하면 몸이 수미산만큼 큰 사람이 있다고 하자. 이 사람의 몸이 크다고 하겠느냐?"

"須菩提야, 譬如有人이 身如須彌山王하면 於意云何오 是身이 爲大不아?"

사람의 몸이 수미산처럼 크다는 표현은 그의 위력이 커서 세상에서 여러 사람에게 미치는 영향력의 범위가 한량없이 넓다는 뜻을 상징적으로 나타낸 것입니다. 쉽게 표현하면 어떤 사람이 가지는 영향력이 온 세상을 덮을 만큼 크다면, 그는 '내가 노력해서 이만큼 되었다.'고 할 수 있겠느냐는 것입니다.

수보리 존자가 말하기를,
"매우 큽니다. 부처님이시여, 왜냐하면 부처님께서 '몸 아님이 곧 큰 몸'이라 하셨기 때문입니다."
須菩提言하되,
"甚大니다. 世尊하, 何以故오 佛說 非身이 是名大身이니이다."

'몸 아님이 큰 몸非身 是名大身'이라는 뜻이 무엇일까요?
근면하면 작은 부자는 될 수 있으나, 큰 부자는 하늘이 낸다는 옛말처럼, 세상에서 이루는 큰일이란 어떤 인위적 노력으로 이루어지는 것이 아니고, 자신이 알 수 없는 하늘의 뜻에 따라 이루어진다는 말씀입니다. 이런 뜻을 생각한다면 '몸 아님이 큰 몸'이라는 부처님 말씀이 다음과 같은 내용임을 알 수 있습니다.

작은 성공은 그대의 노력이라고 할 수 있다. 그러나 정말 큰일은 자신의 노력만으로는 불가능하다. 불가사의한 큰일은 어떻게 이루어지나. 그것은 인간적 노력과는 무관하다. 부처님 기쁘게 하는 마음應無所住 而生其心이 될 때만 가능한 것이다. 불가사의한 위대한 일은 모두 이처럼 아상이 소멸한 마음에 의해서만 이룰 수 있다.

다음과 같은 실례는 보이지 않는 힘, 즉 '몸 아님이 정말 큰 몸'을 설명하는 이야기 중 하나입니다.

미국 텍사스주의 한 운수 회사의 운전기사로 일하고 있는 로이 케비는 트럭을 몰고 하이웨이를 달리던 중, 술에 취해 운전하는 차와 정면충돌을 피하려다가 그만 큰 가로수를 들이받고 말았다. 핸들은 그의 허리를 강타하였으며 발은 뒤틀린 브레이크와 클러치 페달 사이에 끼었다. 그는 운전대에 갇히게 되었다. 운전대의 문은 심하게 찌그러져서, 동료들이 밖에서 그를 구하려 하였으나 구해 낼 방법이 없었다. 차는 이미 불타고 있었지만 소화기를 구비하고 있지 않았으므로, 문이 열리지 않는 트럭은 불덩어리가 될 수밖에 없었다. 다른 운전자나 경관들의 구조도 헛되었고, 로이에게 남아 있는 시간은 기껏해야 1~2분일 것이라고 생각했다.

그런데 그때 체격이 우람한 한 흑인이 불타고 있는 트럭으로 다가갔다. 그는 문을 두 손으로 잡고, 찌그러진 손잡이와 문틀을 부수고 그것을 비틀어서 떼어 버렸다. 그런 다음 그는 운전대 안으로 몸을 집어넣어 매트를 뜯어내고, 로이 발밑의 불길을 맨손으로 비벼 껐다. 그다음에 핸들을 잡고 마치 그것이 고무라도 되는 양, 쉽게 로이의 가슴에서 떼어 놓았다. 그는 냉정하게 그리고 정확하게 한 손으로 구부러진 브레이크 페달을 누르고, 다른 한 손으로 클러치를 펴서, 로이의 다리를 자유롭게 해 주었다. 그래도

로이는 차에서 나올 수가 없었다. 차는 그를 전후로도 압박하고 있었던 것이다. 잠시 그 흑인은 뒤로 물러나 찌그러진 차를 점검하고 있었다. 넋을 잃고 지켜보던 사람들은, 그 상태를 보고 로이의 구조가 불가능하다고 생각했다. 하지만 그 흑인은 별안간 미친 듯이 앞으로 달려가, 열 사람 분의 힘을 내어 등을 활처럼 굽히고 팔과 등의 근육에 힘을 주어, 찌그러진 운전대를 펴 올리기 시작했다. 믿을 수 없는 이 광경을 지켜보고 있던 사람들 앞에서 일그러진 차의 지붕이 점점 들어 올려졌다. 그들은 그 흑인의 무시무시한 힘에 의해 금속이 삐걱대는 소리를 들었다. 로이 케비의 몸이 움직일 수 있게 되자, 그는 다른 한 손으로 그를 차에서 꺼내주었다. 그와 동시에 불길은 트럭의 잔해를 삼켜 버렸다.

정말 초인적인 힘으로 로이를 트럭에서 구조한 사람은 33세의 데니스 존스라는 사람이었다. 그는 어디서 그런 무서운 힘이 나왔느냐는 질문에 이렇게 대답하였다. "나는 다만 기도를 드렸을 뿐입니다. 신이여! 이 사람을 불더미에서 구할 힘을 저에게 주십시오."라고.

〈기도의 힘, 태종출판사〉

이 이야기 중에 데니스 존스의 내가 없는 기도는 몸 아님非身이고, 거기서 나온 위력은 큰 몸大身이 아닐까.

11

무위복이 유위복보다 더 낫다

無爲福勝分

"수보리여, 항하의 모래 수도 많은데 그 모래 수와 같은 항하의 모래 수는 또 얼마나 많겠는가?"

수보리 존자가 대답하기를,

"매우 많습니다. 부처님이시여, 항하의 모래 수 만큼의 항하도 많기가 헤아릴 수 없이 많은데, 하물며 그 강의 모래 수는 말할 것도 없이 많겠습니다."

부처님께서 말씀하시기를,

"내가 참다운 말로 이르노라. 마음을 닦으려고 하는 사람이 이와 같이 많은 수의 삼천대천세계에 가득 채운 칠보를 가지고 보시를 한다면 그 복덕이 많겠는가?"

수보리 존자가 대답하기를,

"매우 많습니다. 부처님이시여,"

부처님이 수보리 존자에게 말씀하시기를,

"만일 마음을 닦으려는 남자나 여인이 이 경 가운데 사구게 등이라도 수지독송하여 남을 위하여 이야기해 준다면, 그 복덕은 앞서 말한 복덕보다 많으니라."

"須菩提야, 如恒河中所有沙數 如是沙等恒河를 於意云何오 是諸恒河沙가 寧爲多不아?"

須菩提言하되,

"甚多니다. 世尊하, 但諸恒河도 尙多無數온 何況其沙리니이까?"

"須菩提야, 我今에 實言으로 告汝하노니 若有善男子善女人이 以七寶滿_爾所恒河沙數三千大天世界以用布施하면 得福이 多不아?"

須菩提言하되,

"甚多니다. 世尊하,"

佛告 須菩提하사되,

"若善男子善女人이 於此經中에 乃至 受持四句偈等하야 爲他人說하면 而此福德은 勝前福德하리라."

씨 한 알이 땅에 떨어지면 100배 이상의 열매를 수확하듯이, 남에게 베푼 보시의 결과는 여러 배의 보답으로 반드시 되돌아오게 되어 있습니다. 이것이 부처님께서 말씀하신 선인선과善因善果, 즉 착한 원인을 심어서 착한 결과가 돌아온다는 인과응보의 원리입니다. 소량의 재화를 베풀어도 되돌아오는 복은 상당한 양이 되는데, 하물며 이 세계에 가득 찬 보배의 엄청난 양! 이것을 다 보시한다면 되돌아오는 결과는 말할 것도 없이 천문학적 양이 될 것입니다.

한 세계가 아니라 수많은 세계에 가득 찬 보배로 보시한 결과는, 그 양이 가히 절대적일 뿐 아니라 질도 불가사의하다 하겠습니다. 양과 질에서 나무랄 데가 없는 구족한 복을 누리는 사람은 비록 고통이 많은 사바세계에 살고 있어도 마음만은 아미타불이 계신 극락세계에 살고 있다 할 수 있습니다. 그런데 아미타불의 극락세계에 사는 복을 가진 사람이라 하더라도, 그 희망이 금생이 아닌 내생에 가서야 달성된다면 그 복은 구족한 복이라 할 수 없습니다. 현재현재 실감을 느낄 수 있고, 내생이 아닌 금생에 극락세계를 체험해야 그 복이 참 구족한 복이라 할 수 있습니다.

금강경의 단 한 구절이라도 성실하게 독송하고 실천하면, 한 걸음 한 걸음 부처님께 접근하고 현재에 실감으로 연결됩니다. 금강경은 아상을 없애는 가르침이기에 금강경을 독송하는 순간 아상이 없어지며, 순간순간에 실감으로 연결되기 때문입니다. 아상이 없어진 그 자리에는 참나가 발현하여 부처님의 극락세계를 이룹니다. 이다음 언젠가가 아니고, 지금 당장 이 자리에서 부처님 광명을 받습니다. 다음은 금강경의 내용을 일부라도 실천하여 이다음이 아닌 바로 지금 그 공덕의 일부를 실감했다는 이야기입니다.

사위국 기수급고독원을 지은 큰 부자 숫달타 장자의 며느리가 난산으로 생사의 기로에 있었다. 숫달타 장자는 비록 천하의 큰 부자이지만 이러한 난관에서는 어찌할 수 없었던 모양이다. 속수무책의 숫달타 장자는 이런 경우에 어떻게 해야 하는지 여쭤보려고 부처님께 달려갔다. 부처님께서는 주장자를 주시면서 이 주장자를 며느리의 몸에 대고 "나는 무시겁으로 살생한 일이 없노라." 하라고 말씀하셨다. 숫달타 장자는 부처님께서 시키시는 대로 하였고, 그 결과 며느리는 기적처럼 아기를 순산하게 되었다.

〈미린다왕문경〉

이 말씀에서 주장자는 기적을 나타내는 도구가 아니요, 신심을 말합니다. 며느리가 순산한 것은 "살생의 죄업은 다만 분별일 뿐 본래 없는 것이다."라는 깨침, 즉 아상의 소멸 덕분입니다. 아상이 없어지는 순간에 들어오는 부처님의 광명, 이 광명은 불가사의한 기적을 창조합니다. 이처럼 금강경의 공덕은, 아상이 있는 자가 짓는 복이 아무리 커도, 그 실감도에서 도저히 비교할 수 없이 큽니다.

—

12

올바른 가르침을 존중하라

尊重正教分

"또 수보리여, 금강경의 사구게 만이라도 설하는 곳이라면 모든 세계의 하늘나라 사람, 인간, 아수라 등이 모두가 공경하기를 부처님 탑과 같이할 것이어늘,"

"復次 須菩提야, 隨說是經하되 乃至 四句偈等하면 當知此處는 一切世間 天人 阿修羅 皆應供養을 如佛塔廟온"

선가에서는 화두를 주시는 분을 생불로 믿고 참구해야 깨달음을 얻을 수 있다는 말이 전해집니다. 깨달음을 얻기 위해서는 제대로 된 가르침을 수행해야 하겠지만, 그 가르침을 주시는 분에 대한 절대적 믿음이 그에 못지않게 중요하다는 것입니다.

마찬가지로 '금강경을 수지독송하라. 그러면 그 공덕이 크니라.' 하신 말씀은 금강경을 일러주신 부처님에 대한 절대적 믿음, 절대 공경심이 반드시 필요하다는 것을 전제합니다. 금강경 3분의 내용인 무슨 생각이든지 부처님께 바치라는 말씀은 밝아지는 데 꼭 필요한 말씀입니다만, 큰 공덕으로 연결되기 위해서는 가르침을 주신 부처님에 대한 절대적 믿음이 꼭 필요합니다. 숫달타 장자가 "나는 무시겁으로 살생한 적이 없노라."라고 선언할 때는 그 말씀을 주신 부처님에 대한 절대적 신뢰가 동반되었습니다. 아상을 없애는 가르침을 주신 분에 대한 절대적 믿음으로 아상이 소멸되었기에 무량무변공덕을 얻게 된다는 말씀입니다.

여기서 '수설시경 내지사구게등'의 표현은 어떤 사람이 부처님께 늘 순수하게 믿는 마음을 내지는 못해도, 적어도 '순수한 믿음을 가지는 순간만은'의 뜻이라 하겠습니다. 부처님에 대한 믿음을 가지고 금강경을 읽거나 금강경에 관한 말씀을 나누는 순간, 아상의 벽이 허물어지며 부처님과 하나가 됩니다. 죄악에 가득 찬 범부, 영원히 밝음과는 거리가 먼 사람도 부처님을 향하고 있는 순간만은 때로는 천사처럼 때로는 영웅처럼 때로는 성인처럼 됩니다. 부처님을 향하는 순간에는 천사나 영웅이나 성인이 가지고 있는 덕성이 중생의 몸에 그 작용을 나타내기 때문입니다. 하늘나라 사람, 인간, 아수라 등 지혜 있는 중생은 그 사람이 부처님을 믿고 향할 때 발생하는 힘에 알지 못하게 위력을 느끼고, 공경하며 공양하기를 부처님 계신 것처럼 한다는 말씀입니다.

"하물며 성심성의껏 수지독송하는 사람은 어떻겠느냐? 수보리여, 이 사람은 반드시 가장 희유한 법을 성취하게 될 것이다. 이

경은 신령한 경! 이렇게 신령스러운 경이 모셔져 있는 곳은 부처님이나 거룩한 제자가 있는 것과 같다.”

“何況有人이 盡能受持讀誦이랴. 須菩提야, 當知是人은 成就最上第一希有之法이니라. 若是經典所在之處에는 則爲有佛커나 若尊重弟子니라.”

'진능수지독송'이란 방심하지 않고 성심성의껏 금강경을 독송한다는 뜻입니다. 방심하지 않고 금강경을 독송하여 늘 부처님과 함께한다면 이 사람은 부처님과 하나가 되어 최상의 깨달음을 얻을 것을 약속하십니다當知是人 成就最上第一希有之法.

이 경을 수지독송하는 곳은 곧 부처님이 계신 곳과 같으며, 하늘나라 사람, 인간, 아수라들이 모두 부처님이나 거룩한 제자들(천사나 영웅 또는 성인)이 있는 것처럼 존중한다는 말씀입니다.

부처님 잘 향하면
아상의 벽 허물어져,
법의 향기 진동하고
인연 중생에 전달되네.

나무들이 알아 듣고
산새들이 소식 알고,
들짐승도 알아 보고
모르는 사람들도 기뻐하네.

덕은 결코 외롭지 않아德不孤
반드시 이웃이 있다는 말씀처럼必ᆢ有隣
일체의 천인아수라도
다 공경하네.

금강경 잘 읽으면
시공을 뛰어넘어,
온누리에 두루 미치는 밝은 빛,
모든 중생 찬양하네.

13

이 경을 진리로 받아 가져라

如法受持分

금강경 11분과 12분에서 부처님께서는 금강경의 내용이 포함된 간단한 글귀라도 수지독송한다면 그 공덕이 불가사의함을 설명하셨습니다. 금강경을 수지독송하면 아상이 소멸되므로, 구태여 부처님께서 그 공덕이 불가사의하다고 말씀하시지 않아도 큰 행복을 얻게 될 터인데, 어째서 부처님께서는 이렇게 간곡한 표현을 쓰시고 다양한 실례를 들어서 금강경 독송의 공덕을 강조하셨을까요? 범부들로 하여금 금강경에 대해 종교적이라 할 만큼 절대적인 믿음을 불러일으키고, 깊은 공경심과 자긍심을 갖게 하는 것이 필요하다고 보셨기 때문입니다.

왜 절대적인 믿음을 불러일으키는 것이 꼭 필요할까요?

건전한 육체에서 건전한 정신이 나온다는 말처럼, 사람들은 부귀영화나 건강으로부터 행복이 오는 것으로 압니다. 또 빈곤이나 병

또는 불화 등에서 불행이 생기는 것으로 압니다. 그러나 '각종 마음이 생기니 이에 따라서 각종 현상이 나타난다種種心生 種種法生.'는 원효 스님의 말씀처럼, 사실은 마음이 행복해야 행복한 결과가 오며, 우울한 마음이 불행한 결과를 불러온다고 보는 것이 정확한 표현이라 할 것입니다.

지혜로우신 부처님께서는 우리가 금강경을 수지독송하여 아상을 소멸하고 큰 행복을 얻게 해 주십니다. 이에 더하여 독송의 공덕을 반복 예찬하시어 확고한 믿음을 심어 주셔서, 수지독송하는 공덕에 버금가는 소중한 공덕을 얻게 하려 하십니다. 이처럼 부처님께서는 금강경 내용을 처음부터 끝까지 두 갈래의 줄거리로 나누어 말씀하셨는데, 우선 절대적 행복에 이르게 하는 금강경 수지독송의 실천 수행을 강조하셨고, 이어서 그 공덕을 예찬하심으로써 큰 공덕에 대한 확고한 믿음의 자세를 가지도록 해 주셨습니다.

수보리 존자가 부처님께 말씀드리기를,
"부처님이시여, 이 경의 이름은 무엇이며 우리들은 어떻게 받들어 가져야 하겠습니까?"
부처님께서 수보리 존자에게 말씀하시기를,
"이 경은 금강반야바라밀이라 이름하니, 이런 이름으로 그대들은 마땅히 받아 지녀라."
爾時에 須菩提 白佛言하되,
"世尊하, 當何名此經이며 我等이 云何奉持니잇고"
佛告 須菩提하사되,

"是經은 名爲金剛般若波羅蜜이니 以是名字로 汝當奉持하라."

금강은 단단함, 반야는 지혜, 바라밀은 분별심의 세계를 뛰어넘어 무심의 세계로 들어가는 행위를 말합니다. 금강반야바라밀의 뜻은 튼튼한 깨달음을 얻어 괴로움의 세계에서 행복한 세계로 진입하는 것을 말합니다.

부처님께서는 〈능엄경〉에서 50가지 마魔를 경계하시면서, "아무리 묘妙하게 깨친 것 같다 하더라도 성인의 경계에 들었다는 자만심을 낸다면, 묘한 깨침은 다 사라지고 중생심으로 복귀하리라." 하셨습니다. 내가 이렇게 깨달았다는 자만심, 이것이 곧 아상입니다. 다시 말하면 나라는 생각, 즉 아상이 존재하는 어떠한 깨침도 참다운 깨침이 될 수 없습니다. 이처럼 부처님께서는 궁극적으로 닦아야 할 것이 아상임을 아셨기에, 아상을 본격적으로 소멸하고 불퇴전의 깨달음을 얻어 길이 행복하게 하고자 때를 기다리시어 금강경을 말씀하셨습니다.

부처님께서는 지금 말씀하시는 경을 수지독송하면 다시는 중생심으로 복귀하지 않는 튼튼한 깨달음을 얻게 될 것을 아셨기에 경의 이름을 '금강반야바라밀경'이라 지으셨을 것입니다. 금강과 같이 단단한 지혜란 튼튼한 지혜, 다시는 마장에 빠지지 않는 불퇴전의 지혜입니다.

"어째서 그러한가 하면 부처님이 말한 반야바라밀은 그대들이 생각한 반야바라밀과는 다르게 형상이 없다. 그 이름이 반야바라밀이니라."

"所以者何오 須菩提야, 佛說 般若波羅蜜이 則非般若波羅蜜일새 是
名般若波羅蜜이니라."

부처님께서 금강경을 말씀하실 때 중생은 한없이 편안해지고 신심
을 내어 발심합니다. 분별심 많은 보통 사람이 금강경을 이야기할 때
는 도저히 발견할 수 없는 특이한 현상입니다. '부처님께서 말씀하신
반야바라밀은 즉비반야바라밀'이라는 말씀은, 내가 말한 금강경은
보통 사람이 말하는 금강경과 같지 않고 다르다는 뜻이라 하겠습니
다. 같지 않고 다르다고 해서 즉비반야바라밀이라 하였습니다.

보통 사람이 말하는 금강경은 분별로 된 금강경으로, 형상이 있기
에 사람을 편안하게 할 수 없지만, 분별이 없는 부처님께서 말씀하
시는 금강경은 형상이 없어서 사람들을 편안하게 하며 깨달음에 이
르게 하는 위력을 나타내므로, 억지로 그 이름을 반야바라밀이라고
설명하신 것입니다.

"수보리여, 어떻게 생각하는가. 부처님이 이야기할 것이 있다고
생각하는가?"

수보리 존자가 대답하기를,

"부처님이시여, 부처님께서는 아무 하실 말씀이 없습니다."

"須菩提야, 於意云何오 如來 有所說法不아?"

須菩提 白佛言하되,

"世尊하, 如來 無所說이시니이다."

사람은 어느 때 말할까요?

자신의 몸 또는 마음이 뭔가 필요로 할 때 말합니다. 외로울 때나 억울할 때 자신을 과시하고 싶을 때 말하는 것은 자신이 무엇인가 부족한 것이 있을 때라 하겠습니다. 그러나 부처님께서는 모든 것을 구족하셨기에 몸과 마음에 어떤 필요를 느끼는 것이 없으며, 자신을 드러내고 싶은 일도 없습니다. 따라서 부처님께서는 하실 말씀이 없습니다.

그러면 고통이니 무아니 열반이니 팔만사천의 수많은 법문을 말씀하신 뜻은 무엇일까요?

그 많은 말씀은 당신이 무엇을 필요로 하거나 자신을 나타내기 위해서 하신 것이 아닙니다. 고통에 시달리는 중생이 하소연할 때, 밝아지고자 하는 정성이 지극할 때 그들을 위해 말씀하시고 질문하는 내용에 따라 답변하신 것뿐입니다. 따라서 부처님께서 하신 수많은 말씀은 모두 중생에게 필요한 진리요, 그들이 고통을 면하거나 밝아지는 데 꼭 필요한 정답만 말씀하셨기에, 수보리 존자는 "부처님께서는 말씀하실 어떤 것도 없습니다."라고 대답하였습니다.

"수보리여, 어떻게 생각하는가? 삼천대천세계의 미진이 많겠는가?"

"매우 많습니다. 부처님이시여."

"수보리여, 부처님이 말한 모든 미진이 미진이 아니요 그 이름이 미진이요, 부처님이 말한 세계는 세계가 아니라 그 이름이 세계이다."

"須菩提야, 於意云何오 三千大千世界 所有微塵이 是爲多不아?"

須菩提言하되,

"甚多니다. 世尊하"

"須菩提야, 諸微塵을 如來說 非微塵이 是名微塵이니라. 如來說 世界가 非世界ㄹ새 是名世界니라."

세계나 미진에 대해 마음 닦는 차원에서 근본적으로 해석해 봅니다. 우리는 우리를 둘러싸고 있는 대자연의 큰 부분은 세계이고 그것이 나누어진 작은 부분은 미진이라 생각하며, 이들은 모두 분명히 '마음 밖에 존재하는 현상'이라고 믿습니다. 그러나 부처님께서는 우리가 생각하는 미진이나 세계는 마음 밖에 존재하는 현상이 아니라 '우리가 만들어 낸 분별심'이라고 말씀하십니다. 미진이 많다고 판단하는 것은 실제로 미진이 많다기보다는 분별심이 많다고 주장하는 것이며, 미진과 세계가 실제로 질량 몇 그램의 무게로 존재하는 것이 아니라, 우리 분별심이 그것을 있는 것으로 볼 뿐 실은 허상이라는 말씀입니다. 〈능엄경〉에 있는 부처님의 말씀을 봅니다.

아난이여, 진리를 모르는 그대들의 허망한 생각이 원인이 되어 어리석음과 애욕이 생겨나고, 두루 혼미한 탓으로 허공이 생기었으며, 혼미하여 변화하는 것이 쉬지 아니하므로 세계가 생겼나니, 이 우주의 헤아릴 수 없이 많은 국토가 모두 이러한 허망한 생각으로 생긴 것이니라. 저 허공이 그대의 마음에서 생긴 것이 마치 한 조각 구름이 맑은 하늘에 일어난 것과 같거늘, 하물며 모든 세계는 말할 것도 없다.

이해하기 힘든 이야기지만 우리가 생각하는 미진은 우리가 지어 낸 분별심이며, 우리가 보는 세계란 우리의 업장이 만들어 낸 무질서한 세계요 고통의 세계입니다. 그러나 분별심이 없으신 부처님께서 말씀하신 미진이란 무심한 마음이며, 분별심이 없으신 부처님께서 말씀하신 세계는 질서정연한 세계요 극락세계입니다. 따라서 부처님께서 말씀하신 미진은 우리가 생각하는 미진과 같지 않습니다. 분별심에서 나온 것이 아니므로 미진이라 할 수 없으나 억지로 이름하여 미진이라 할 것이며, 부처님이 말씀하신 세계 역시 우리가 생각하는 분별심의 세계가 아닌 질서정연한 세계이므로 이름 지을 수 없으나 억지로 세계라 할 것입니다.

부처님께서 어째서 이와 같은 말씀을 하셨을까요?

아마도 중생으로 하여금 이러한 부처님의 말씀을 따르도록 하고, 부처님의 법식이 무엇인가를 알게 하여 지혜롭게 하고, 부처님의 광명이 무엇인가를 느끼게 하여 밝아지도록 하는 데 그 뜻이 있을 것입니다. 위의 내용을 다음과 같이 비교적 쉽게 해석해 봅니다.

우리는 삼천대천세계에 있는 미진이 매우 많다고 생각한다. 이 많다는 생각은 적다는 생각에 대한 분별임이 틀림없다. 우리는 세상의 여러 현상이 모두 동일하지 않고 차별이 있다고 본다. 그러나 실은 세상에 어떤 차별이 실제로 있는 것이 아니라, 우리 마음의 분별심이 세상을 그렇게 보게 할 뿐이다.

마음에 분별심이 없는 부처님의 세계는 어떠한 차별도 없이 질서 정연하다. 따라서 부처님이 말씀하시는 미진은 우리가 보는 미진이 아니고 이름만 미진일 뿐이며, 세계 또한 우리가 느끼는 것과 같은 세계가 아니고 억지로 이름하여 세계라 할 뿐이다. 우리 마음에 분별심만 없애면 분별심으로 인한 모든 고통의 세계가 사라지고 도처가 극락세계임을 발견하리라.

"수보리여, 어떻게 생각하는가. 32가지의 거룩한 모습을 가진 사람을 부처님이라 하겠는가?"
"아닙니다. 부처님이시여, 32가지의 거룩한 모습을 가진 사람을 부처님이라 할 수 없습니다. 왜냐하면, 부처님께서 말씀하신 32가지 거룩한 모양은 형상이 아니요 마음이기에 그 이름이 32가지 모양이라 할 뿐입니다."
"須菩提야, 於意云何오 可以三十二相으로 見_如來不아?"
"不也니다. 世尊하, 不可以三十二相으로 得見如來니 何以故오 如來 說 三十二相이 卽是非相일새 是名三十二相이니이다."

수보리여, 부처님을 대할 때는 어떠한 판단이나 분별심을 내지 마라. 거룩한 모습이 부처라고 한다면 이는 사실이 아니요, 그대 속에 있는 업장(분별심)이 만들어 낸 허구의 작품일 뿐이다. 부처님의 모습이 거룩하게 보이고 평화롭게 느껴져도 이 또한 부처님의 실상을 본 것이라고는 할 수 없다. 부처님께서 말씀하시는 거룩한 32가지 모양이란 그대들이 분별심으로 보는 32가지 모양과는 근본적으로 다르다. 부처님 세계에는 분별심이 없기에 부처님은 32가지 모양을 형상으로 보지 않는다. 32가지 모양이란 부처님의 청정한 본래 마음을 나타낸 것이다. 부처님의 거룩한 모습, 32상이란 모양이 아니니 부처님의 모습이 거룩하다고 상상하지 마라. 무조건 공경하며 조건 없이 신심을 내어라.

"수보리여, 착한 남자나 착한 여인이 중생을 위해 헤아릴 수 없이 많은 목숨을 희생한 공덕은 매우 크다지만, 이 경 또는 사구게 등이라도 수지독송하여 다른 사람에게 이야기해 주는 공덕이 더 크다 할 것이다."
"須菩提야, 若有善男子善女人이 以_恒河沙等身命으로 布施하고 若復有人이 於此經中에 乃至 受持四句偈等하야 爲他人說하면 其福이 甚多니라."

사람은 재물이나 명예, 애정을 희생할 수는 있어도 생명을 희생하기는 매우 어렵습니다. 따라서 생명을 희생한 공덕은 재물이나 명예, 애정을 희생한 공덕보다 훨씬 더 크다고 하겠습니다.

공덕이란 무엇인가? 공덕이란 복덕과는 다른 말로써, 아상이 소멸한 곳에 부처님의 광명이 비추어 얻어진 영원한 행복을 말합니다. 생명을 희생한 공덕이 크다는 것은 다른 어느 것을 희생할 때보다 아상이 많이 소멸하기 때문입니다. 한 생명을 희생할 때도 아상이 많이 소멸할 것인데, 하물며 여러 생에 걸쳐 한 생명도 아니고 헤아릴 수 없이 많은 생명을 희생한다면, 무시겁으로 연습한 아상의 벽이 무너지고 아상의 벽이 무너진 틈 사이로 무량한 부처님의 광명이 비출 것입니다. 그 공덕이 매우 크겠지요.

그런데 금강경을 수지독송하면 그 공덕이 더 크다는 뜻은 무엇일까요?

남을 위해 자신의 생명을 희생하는 행위는 단순히 금강경을 독송하는 행위에 비하여 훨씬 더 많이 아상을 소멸할 수 있을 것입니다. 그러나 생명을 희생하여 아상을 크게 소멸해도 아상의 소멸이 계속 진행되지 못하기 때문에 아상을 뿌리째 뽑는 것은 어렵습니다. 반면 금강경을 수지독송하여 아상이 소멸하는 것은 마치 낙숫물이 바위를 뚫는 것과 같이 영원히 아상을 사라지게 할 수 있습니다.

금강경, 부처님, 아상, 수지독송 등의 단어에 대한 선입견을 부처님께 바치며, 금강경의 내용이 담긴 간단한 글귀를 수지독송하면 아상이 소멸하고 불가사의한 공덕을 얻게 된다는 말씀을 다음과 같이 해석해 봅니다.

'밝은이가 하신 말씀 중 아상을 소멸하는 내용이 담긴 글귀라면 믿음으로 쉬지 말고 염송하여라. 그러면 드디어 아상이 소멸하여 깨달음을 얻고 불가사의한 공덕을 체험할 수 있을 것이다.'

이러한 실천 사례가 있을까요? 불교와 다른 가르침이라 하여 분별심을 내지 않는다면, 다음의 예도 훌륭한 실천 사례라고 생각합니다.

'주 예수 그리스도, 나에게 자비를 베푸소서.'라는 간단한 성구를 하루에 만 번 이상 우직하게 실천하기를 14년. 하다 보니, 이기도가 저에게 너무나도 황홀한 기쁨을 주어 '이 세상에서 나보다 더 행복한 사람이 있을 수 있을까!' 하는 생각이 들었습니다. 심지어는 천국에서인들 어찌 이보다 더 크고 깊은 만족감을 얻을 수 있을까! 상상할 수가 없었습니다. 저는 이 모든 것을 제 내면에서 체험했을 뿐만 아니라 주변에 있는 모든 것이 신비롭게 보이고, 절대자의 사랑과 감사함을 느꼈습니다. 사람, 나무, 풀, 동물 등이 모두 하나라는 일체감, 이 모두가 예수 그리스도의 이름을 새겨서 지니고 있음을 발견하였습니다. 때때로 저는 너무나도 가벼워 몸이 없는 것처럼, 땅에 걸어 다니는 것이 아니라 마치 신나게 공중을 떠다니는 느낌이었습니다. 저는 다른 것에 대해서는 전혀 생각지 않고 오로지 무한한 기쁨으로 가득 차 있었습니다. 어느 때는 심장이 더할 수 없는 즐거움으로 거품이 넘쳐흐르는 것 같으면서, 말할 수 없는 홀가분함, 자유, 위로로 채워지는 느낌이 들어, 저는 완전히 변화된 채 황홀한 기쁨에 둘러싸였습니다. 또 어떨 때는 예수 그리스도에 대한, 그리고 하나님이 지으신 모든 피조물에 대한 불타는 사랑으로 제가 완전히 사라지는 것 같았습니다. 저 같은 죄인에게 베풀어 주신 주님의 자비로 말미암아, 주님께 대한 뜨거운 감사의 눈물이 걷잡을 수 없이 용솟음쳤습니다. 또 어느 때는 내면으로 완전히 들어가 제 속에 있는 오장육부를 다 훤히 보기도 해서, 인체를 창조하신 그 지혜에 놀라워하기도 했습니다. 때로는 기쁨이 너무나 커서, 마치 임금이라도 된 기분이 들기도 했습니다.

〈기도:영적 삶을 풍요롭게 하는 예수의 기도, 대한기독교서회〉

불가사의한 공덕을 얻었다고 할 이 체험의 글은, 금강경 내용이 담긴 간단한 글귀를 쉬지 않고 수지독송하면 그 공덕이 얼마나 클 것인지 곰곰이 생각하게 하는 글이라 하겠습니다.

—
14
모든 상을 떠나 길이 평안을 얻으라

離相寂滅分

이때 수보리 존자가 이 경을 설하시는 것을 듣고, 그 뜻을 깊이 헤아리며 감격하여 눈물을 흘리고 부처님께 말씀하시되,
"희유하신 부처님이시여! 부처님께서는 이와 같이 매우 의미가 깊고 깊은 경전을 설하시니, 제가 예로부터 얻은 바 지혜의 눈으로는 일찍이 이와 같은 말씀을 듣지 못했습니다."

爾時에 須菩提 聞說是經하고 深解義趣하고 涕淚悲泣하야 而白佛言하되,
"希有世尊하, 佛說如是 甚深經典하시니 我從昔來에 所得慧眼으로는 未曾得聞 如是之經이니이다."

분별심이 많은 보통 사람의 이야기를 들을 때에는 지혜를 얻기보다 새로운 분별심이 일어나거나 새로운 궁리를 얻기 쉽습니다. 왜냐

하면, 듣는 사람이 이야기하는 사람의 마음을 따라가기 때문입니다. 그러나 아무런 분별심이 없으신 부처님의 말씀을 들을 때에는 마음의 평안과 지혜를 얻습니다. 아상이 없는 부처님의 말씀을 듣는 순간 무심의 광명이 전이되기 때문입니다. 부처님께서는 아무 때나 말씀하시지 않습니다. 상대가 물을 때에 말씀하십니다. 듣는 사람이 부처님에 대한 믿는 마음이 크다면 부처님의 간단한 말씀에서도 큰 깨달음을 얻을 수 있습니다. 하지만 혹 듣는 이의 신심이 부족하여도 업장이 녹고 아상이 엷어질 것은 분명합니다. 이것이 부처님의 설법과 보통 사람의 이야기와의 근본적 차이입니다.

신심이 깊고 지혜로운 수보리 존자는 부처님의 금강경 설법을 듣고 그 뜻을 알아차림과 동시에, 부처님의 광명을 받아 아상의 벽을 허물었고, 아상의 벽이 무너진 세계에서 일찍이 체험해 보지 못한 깊은 감동을 얻으며, 마음이 열리어 새로운 진리를 터득하였을 것입니다. 그리고 별천지에 들어선 수보리 존자는 감당할 수 없는 기쁨을 이기지 못하여 걷잡을 수 없는 눈물을 흘렸습니다.

"부처님이시여, 참 거룩하시고 훌륭하십니다. 심심미묘한 말씀 깊이 감사드립니다. 기쁨이 샘솟으며 새로운 지혜의 눈이 열리는 것 같습니다." 하며 부처님을 찬양합니다.

"부처님이시여! 만약 어떤 사람이 이 경을 얻어듣고 믿는 마음이 깨끗하여 진리의 실상을 깨달을 것 같으면, 이 사람은 제일가는 드문 공덕을 성취하는 것입니다. 부처님이시여! 이 진리의 실상이라는 것은 모양이 아닌 고로 부처님께서는 실상이라고 설하셨습니다."

"世尊하, 若復有人이 得聞是經하고 信心이 清淨하야 則生實相하면 當知是人은 成就第一希有功德이니이다. 世尊하, 是實相者 則是非相일새 是故로 如來說 名實相이니이다."

분별심과 악심으로 뒤덮인 중생의 마음 중에 유일하게 부처님을 닮은 것이 있다면 그것은 신심입니다. 신심이란 무엇인가? "신심불이 불이신심信心不二 不二信心"이라는 승찬 대사의 말씀처럼, 둘이 아닌 마음이요 순일한 마음이 신심입니다. 믿는 마음이 깨끗하다는 말은, 부처님의 말씀에 어떤 분별심도 내지 않는다는 말이요 절대로 하심下心하는 자세를 말합니다. 부처님의 어떠한 말씀이라도 다 받아들일 마음의 준비가 된 사람은 평범한 부처님의 말씀에서도 큰 진리를 발견할 수 있습니다.

진리의 실상이란 아상의 소멸로 드러난 참나의 모습을 말합니다. 아상의 모습은 탐진치 등으로 꽉 찬 분별심 덩어리이나, 참나의 모습은 텅 비어 있어 아무것도 존재하지 않는 것이 특징입니다. 그렇다고 하여 아예 없지도 않고 묘하게 있으므로 진공묘유眞空妙有라 하며, 억지로 이름하여 실상, 참 모습이라 합니다.

"부처님이시여! 제가 이제 이와 같은 경전을 듣고 믿고 해석하여 받아 지니기는 어렵지 않지만, 만약 어떤 중생이 돌아오는 후오백세에 이 경을 믿고 뜻을 이해하고 받들면, 이 사람은 매우 희유합니다. 왜냐하면, 이 사람은 아상도 없고 인상 중생상 수자상도 없을 것이니, 왜냐하면 아상이 상이 아니고 인상 중생상 수자상도 상이 아니기 때문입니다. 왜냐하면, 일체의 모든 상을 다 떠나야 부처라 하기 때문입니다."

"世尊하, 我今에 得聞如是經典하고 信解受持는 不足爲難이어니와 若當來世 後五百歲에 其有衆生이 得聞是經하고 信解受持하면 是 人은 則爲第一希有니 何以故오 此人은 無我相 無人相 無衆生相 無 壽者相이니 所以者何오 我相이 卽是非相이며 人相 衆生相 壽者相 이 卽是非相이니 何以故오 離一切諸相하면 則名諸佛이니이다."

보통 사람들은 근심, 걱정, 불안, 초조 등 각종 번뇌가 꼭 있는 줄 압니다. '있는 것'으로 알기에 괴롭습니다. 그러나 꼭 있는 줄 알 았던 이러한 번뇌를 모두 부처님께 드리면, '번뇌가 본래 없는 것'이 라는 사실을 깨닫게 되어 모든 괴로움에서 벗어날 수 있습니다. 번 뇌란 아상의 또 다른 모습이라, 번뇌가 본래 없음을 깨달은 보살은 아상 역시 본래 없는 것임을 알게 될 것이요, 인상 중생상 수자상 또한 분별일 뿐 본래는 없는 것임을 알게 됩니다.

아상이 소멸하여 참나가 드러남을 깨달음이라 합니다만, 중생이 깨달음을 얻어 보살이 되어도 미세한 망념까지 없어진 것은 아닙니 다. 원효 스님은 〈기신론〉에서 깨달음을 얻은 보살이 미세한 망념을 제거하기 위하여 부지런히 수도하면 결국은 미세한 망념까지 해탈 한 구경각을 얻게 되는데, 이를 부처님의 경지라고 하였습니다以遠離 微細念故 得見心性 心卽常住 名究竟覺.

부처님께서 수보리 존자에게 말씀하시기를,

"그렇고 그렇다. 만일 어떤 사람이 이 경을 듣고 놀라고 무서워하고 두려워하지 않는다면, 이 사람은 매우 희유한 사람이라 할 것이다. 왜냐하면 수보리여, 부처님이 말씀하시는 제일바라밀이 곧 제일바라밀이 아니요, 이름이 제일바라밀이기 때문이니라. 수보리여, 인욕바라밀은 곧 인욕바라밀이 아니니라."

佛告 須菩提하사되,

"如是如是니라. 若復有人이 得聞是經하고 不驚不怖不畏하면 當知是人은 甚爲希有니 何以故오 須菩提야, 如來說 第一波羅蜜이 非第一波羅蜜일새 是名第一波羅蜜이니라. 須菩提야, 忍辱波羅蜜을 如來說 非忍辱波羅蜜이니라."

여기서 '득문시경'은 단순히 청력이 있어 듣는다는 것이 아니요 잘 이해한다는 뜻이며, 들어서 실감이 난다는 뜻입니다.

　이 몸이 불행하여 아버님께서 일찍 작고하시고 늙은 어머님을 홀로 모시어 남해로 이사하였는데, 거기서 나무 장사로 가난한 살림을 겨우 지탱하여 나가는 형편이었다. 하루는 어느 객점에서 나무를 팔고 나오다가 한 손님이 경을 읽는 것을 듣고 마음이 후련히 열리어 그 손님에게, "손님께서 읽으시는 것이 무슨 경이옵니까?" 물으니 "금강경이라는 불경일세." 대답하였다.

〈육조단경. 법보원〉

여기서 혜능 대사가 금강경을 읽는 것을 듣고 마음이 후련히 열렸다고 하였는데, 이 듣는다는 표현 역시 단순히 알아듣는 것이 아니요, 실감하고 이해하였다는 뜻일 것입니다. 보통 사람이 잘 알아듣지 못하는 이야기를 실감 나게 들을 수 있는 사람은, 신심이 깊은 사람이거나 상대의 말을 잘 들을 준비가 되어 있는 사람입니다. 부처님께서 말씀하신 금강경을 실감 나게 듣는 사람은, 아상이 소멸되며 일찍이 체험하지 못하였던 새로운 경지를 체험하게 되는데, 이에 대한 준비가 부족한 사람은 놀라고 두려워할 가능성이 있나 봅니다. 불경불포불외란 새로운 경지에 대한 준비가 되어 있는 사람에게 해당하는 말로, 금강경을 공부하는 사람이 새로운 경계를 접하고도 놀라거나 두려워하지 않았다는 말씀입니다. 예를 들어 보겠습니다.

예전에 어떤 사람이 밤중에 공부하는데, 자정쯤 되어 갑자기 배 없는 귀신이 나타났다. 보통 사람 같으면 기절초풍을 하련만 이 사람은 조금도 놀라지 않았다. "배가 없는 녀석이니 배 아플 걱정은 없겠군." 그냥 중얼거리면서 하던 공부를 계속할 뿐이었다. 그는 평소에 배가 자주 아팠던 것이다. 그러자 귀신은 사라졌다. 다시 얼마가 지났을까. 이번에는 머리 없는 귀신이 나타났다. 이번에도 그는 정신을 빼앗기지 않고 "이 귀신은 머리가 없어서 머리 아플 일이 없겠군." 하며 그저 하던 공부를 계속하였다. 그는 평소에 머리도 자주 아팠던 것이다. 어느 틈엔지 머리 없는 귀신도 없어졌고 더는 귀신이 나타나지 않았다. 마음 밖의 경계에 따라다니며 일희일비一喜一悲하지 말고 줏대를 세워 자기중심대로 살아라.

〈마음을 어디로 향하고 있는가. 김영사〉

부처님께서는 불경불포불외하는 이유로, 제일바라밀은 제일바라밀이 아니요 이름이 제일바라밀이며 인욕바라밀은 인욕바라밀이 아니기 때문이라고 하셨습니다. 다시 말하면 불경불포불외할 수 있었던 것은 새로운 체험에 대한 준비가 있었기에 가능했다는 것입니다. 어떠한 시험이 닥치더라도 놀라고 두려워하지 않으려면, '여래설 제일바라밀 비제일바라밀 시명제일바라밀 인욕바라밀 여래설 비인욕바라밀'이라고 선법문처럼 간략하게 말씀하셨습니다. 이해하기 좋게 해석해 봅니다.

탐욕이 분별이요 본래 없는 것이므로 탐욕을 해결하는 길第一波羅蜜 또한 본래 있는 것이 아니며 이름만 탐욕을 해결하는 길이니 이렇게 알면 마음에 놀랄 일이 없을 것이며, 성냄 또한 허깨비 같아 하나의 분별일 뿐 본래는 없는 것으로 성냄을 해결하는 길忍辱波羅蜜 역시 본래 있는 것이 아니니 이렇게 알면 두려워할 일이 없으리라.

제일바라밀이란 보시바라밀의 뜻으로, 베푸는 마음의 완성으로 해탈과 구원을 얻음을 말하며, 인욕바라밀은 욕됨을 견디는 마음의 완성으로 해탈과 구원을 얻음을 말합니다.

경을 들으면 환희심 날 텐데
불경불포불외가 웬일일까?
사람들은 의아해하네.

아상은 몇 겹, 정체 알기 어려워
아상 속에 인상 있고
인상 속에 중생상 수자상 있네.

수도의 과정에서
한 껍질 한 껍질 벗을 때마다
이해하기 힘든 현상 나타나고,

큰 깨달음을 얻기 전에
죽음과 같은 큰 두려움
체험하는 사람 많네.

수행의 과정에서
공포를 체험함은 아상의 소멸 과정
이상할 것 하나 없네.

부처님께 복 지은 사람
불경불포불외 실현하고
마침내 큰 깨달음 얻어
천·인·아수라 모두 찬탄하네.

"왜냐하면 수보리여, 내가 예전에 가리왕이라는 임금에게 몸이 갈래갈래 잘려나갈 때에도 아상이 없었고 인상 중생상 수자상도 없었느니라. 내가 마디마디 잘려나갈 때, 만약 아상 인상 중생상 수자상이 있었다면 마땅히 성을 내고 한을 품었을 것이다."

"何以故오 須菩提야, 如我昔爲歌利王의 割截身體할새 我於爾時에 無我相 無人相 無衆生相 無壽者相이니 何以故오 我於往昔節節支解時에 若有我相 人相 衆生相 壽者相이면 應生嗔恨하리라."

앞에서 말씀하신 '인욕바라밀 여래설 비인욕바라밀'의 배경을 설명하십니다. 우리가 어떠한 용심을 가지느냐에 따라 외부에서 오는 육체적 자극에 대한 통증을 커지게 또는 작아지게 할 수 있습니다. 두려움, 공포, 죄책감, 외로움, 무력감은 모두 통증을 커지게 하는 마음입니다. 반대로 통증을 느끼면서 감사하는 마음을 가진다면, 이때 통증이 현저하게 감소함을 감지할 수 있습니다. 이처럼 마음의 자세가 고통을 느끼고 견디는 능력에 영향을 준다는 생각은, 이론적으로만 설명되는 것이 아니라 많은 과학적인 연구와 실험을 통해서도 입증되고 있습니다.

다시 정리하면 우울함, 외로움 등 아상은 외부 자극에 대한 통증을 더욱 커지게 하며, 따라서 성내는 마음, 원망하는 마음도 더 커지게 됩니다. 반대로 감사하는 마음, 자비로운 마음 등 아상을 소멸하는 마음은 외부의 큰 자극에도 통증을 감소시키고, 따라서 원망심도 줄어들게 됩니다. 아상이 소멸하고 참나가 분명히 드러난 세계는 보통 사람이 상상할 수 없는 별천지로, 그 세계에서는 고통스러운 상황도 고통으로 느껴지지 않으며, 원망심이 일어날 상황에서도 전혀 원망할 마음이 나지 않습니다. 그 세계 사람들, 즉 보살들에게 인욕바라밀은 보통 사람들이 생각하는 것 같은 인욕바라밀이 아니며 억지로 이름하여 인욕바라밀이라 하는 것입니다. 보살은 다음 경전의 내용처럼 성낼 일이 전혀 없습니다.

과거세에 가리왕이라는 심성이 고약한 임금이 있었다. 그 임금이 산속으로 사냥을 나왔는데 당시 나는 그 산속에서 인욕행忍辱行의 수도를 하고 있었다. 가리왕이 식후 곤히 잠들었는데 왕과 함께 왔던 궁녀들이 왕이 잠든 틈을 타서 수도 중인 내 주위로 몰려들었다. 잠을 깬 가리왕이 궁녀들을 찾다가 그들이 나를 둘러싼 모습을 보고 질투하여 불같이 화를 내었다. "너는 어찌하여 나의 궁녀를 탐하느냐?" "나는 모든 여색을 탐하지 아니한다." "어찌하여 여색을 탐하지 않는다고 하느냐?" "나는 계를 가지노라." "계를 가진다는 것은 무엇을 말하는가?" "인욕을 닦는 것이니 이는 곧 계를 가짐이다."

이때 왕이 칼을 빼어 나의 몸을 베었다. "아프냐?" "아프지 않다." 왕이 곧 나의 몸의 마디마디를 자르고 묻기를 "원망스럽고 화나는 마음이 없느냐?"고 하여, 나는 "원한이 없거늘 화내는 마음이 어디 있겠느냐?" 하였다. 이때 하늘이 노하여 돌비를 내리니, 왕은 두려워하고 나의 몸은 상처 하나 없이 여전하였다.

이 불경의 내용 중 여색을 탐하지 않음은 아상이 소멸하였다는 증거요, 아상이 소멸한 사람은 몸에 칼을 대도 보통 사람이 생각하는 것처럼 통증을 느끼지 않을 것이요, 따라서 성내거나 원망하지 않을 것입니다. 원망심이 없는 사람은 누가 "당신은 큰 인욕행을 하였소." 하여도 인욕행을 했다는 자만심을 내지 않습니다.

"수보리여, 또 생각해보니 과거 오백 생 전에 나는 인욕선인 노릇을 하였다. 그때에도 나는 아상도 없었고 인상 중생상 수자상도 없었느니라."

"須菩提야, 又念하니 過去於_五百世에 作忍辱仙人할새 於爾所世에 無我相 無人相 無衆生相 無壽者相이니"

가리왕 이야기는 부처님께서 전생에 수행자 노릇을 하실 때 이야기로, 모두 확신에 찬 체험의 말씀이요 생명이 있는 법문이라 하겠습니다. 가리왕에게 온몸이 갈기갈기 찢기기도 하며 인욕선인 해 보니, 세상의 모든 두려움, 성냄, 괴로움이란 것이 마음 밖의 그 무엇이 아니라 마음속의 탐진치, 즉 아상(인상 중생상 수자상 포함) 때문이더라는 말입니다. 내가 과거 생에 인욕선인 노릇을 할 때 아상을 잘 닦았더니, 정말 어떤 경우에도 성낼 일도 없고 누가 상해를 가해도 아프지 않은 것을 확실히 알겠다는 이야기입니다. 아상이 곧 모든 문제의 핵심이니 아상을 잘 닦으라는 당부의 말씀이기도 합니다. 다음은 이와 같은 부처님의 말씀을 잘 실천하여 행복에 도달한 티베트 승려의 이야기입니다.

1959년 티베트에서 중국에 대항하는 봉기가 일어났을 때 나는 노블랑카에 있는 티베트 부대에 소속되어 있었다. 봉기는 제압되고 결국 중국인에게 잡혀 나는 세 형제와 함께 감옥에 갔다. 나의 한 형제는 감옥에서 죽었고 나머지 두 형제도 중국인들의 손에 죽었다. 부모님은 강제 노동 수용소에 끌려가서 돌아가셨다. 중국인에 대해서 큰 원망심이 날 만하였다. 나는 감옥에서 지금까지 승려로 살아온 인생을 되돌아보며, 아직 자신이 훌륭한 승려가 되지 못함을 반성했다. 그리고 진정한 승려가 되기로 다짐하며 부지런히 수행했다. 나는 감옥에서 고문이나 구타를 심하게 당했으나 그때마다 이 고난은 내 죄업의 소멸이거니 생각하며 그들을 원망하지 아니하고 감사했다. 따라서 나는 몸은 고통스러웠어도 마음만은 아주 행복했다.

〈달라이 라마의 행복론, 김영사〉

여기서 고문하고 구타한 그들을 원망하지 않았다는 것 그리고 행복을 얻었다는 것은 아상 인상 중생상 수자상이 없었다는 이야기라 하겠습니다.

"그러므로 보살은 마땅히 모든 상을 떠나서 아누다라삼막삼보리의 마음을 내되,"
"是故로 須菩提야, 菩薩은 應離一切相하고 發阿耨多羅三藐三菩提心일새,"

여기서 일체의 상이란 마음 밖의 상相이 아니라 마음속에서 각종 생각들, 즉 아상이 지껄이는 소리를 말합니다. "발아누다라삼막삼 보리심"은 부처님을 사모하며 닮으려는 마음이라 할 수 있겠습니다. 따라서 이 내용은 다음과 같이 해석할 수 있습니다.

그러므로 보살들이여, 마음속에서 '가짜 나'인 아상이 지껄이는 소리에 속지 말아라. 아상이 지껄이는 소리란 "놀자. 빨리 하자. 왜 안 되나. 잘된다. 심심하다." 등 희로애락의 소리이다. 부처님 향하지 않고 이러한 소리에 빠져든다면, 이는 불행과 고난의 길, 악도의 길을 가는 것이다. 아상이 지껄이는 소리가 들릴 때 그런 생각을 모두 부처님께 바쳐라. 부처님 뜻을 따르려, 부처님 기쁘게 해 드리려 하고 부처님을 닮으려 하여라.

부처님을 사모하고 부처님을 기쁘게 해 드리려 하면, 다음 수도인의 시구와 같이 저절로 부처님을 닮을 수 있을 것입니다.

임에게는 아까운 것이 없어
무엇이나 바치고 싶은 이 마음
나는 거기서 보시布施를 배웠노라.

임께 보이고자 애써
깨끗이 단장하는 이 마음
거기서 나는 지계持戒를 배웠노라.

임이 주시는 것이면
때림이나 꾸지람이나 기쁘게 받는 이 마음
거기서 나는 인욕忍辱을 배웠노라.

천하에 하고많은 사람 중 오직
임만을 사모하는 이 마음
거기서 나는 선정禪定을 배웠노라.

자나 깨나 쉴 새 없이
임을 그리워하고 임 곁으로 도는 이 마음
거기서 나는 정진精進을 배웠노라.

내가 임의 품에 안길 때에
기쁨도 슬픔도 임과 나의 존재도 잊을 때에
나는 살바야薩婆若를 배웠노라.

이제 알았노라 임은
이 몸에 바라밀을 가르치려고
짐짓 애인의 몸을 나툰 부처시라고.

〈춘원 이광수, 애인 육바라밀〉

"색을 보되 선입견이 없어야 할 것이며, 소리·향기·맛·촉감·알음
알이를 대하더라도 또한 선입견이 없어야 할 것이다. 만일 선입

견을 가지고 대한다면 이는 잘못된 길을 가는 것이다."

"不應住色生心이며 不應住聲香味觸法生心이며 應生無所住心이니 若心有住면 則爲非住니라."

우리는 주위의 현상을 대할 때, 비록 처음 보는 현상이라 하여도 언젠가 심어진 선입견에 의해 이미 호불호好不好를 판정합니다. 소리 냄새 등 주위에 느껴지는 모든 것들이 비록 처음 받는 느낌이라도, 대개 우리는 이미 어떤 주관적 판단을 하고 있습니다. 현상을 대할 때, 이미 현상에 대한 선입견이 있는 한, 주住하지 않는 마음을 낼 수 없습니다.

어떻게 불응주색생심이나 불응주성향미촉법생심이 될 수 있을까요?

현상에 대한 우리의 선입견, 즉 좋아하고 싫어하는 마음을 부처님께 바칩니다. 좋아하고 싫어하는 마음을 부처님께 바치면 어떻게 될까요? '주위에 있는 현상을 대할 때 좋고 싫다는 선입견을 제거해야 세상의 도리가 잘 보일 것이다但莫憎愛 洞然明白.'라는 승찬 대사의 말씀과 같이, 만일 마음에 어떤 선입견이 있다면 이는 보살이 가져야 할 자세가 아닙니다.

"그러므로 부처님께서는 보살은 마땅히 색에 주해서 보시하지 말라 하셨느니라. 수보리여, 보살은 마땅히 모든 중생을 이익되게 하기 위하여 보시해야 한다. 부처님께서 말씀하신 모양이란 실은 모양이 아니요, 또 부처님께서 말씀하신 중생이란 또한 중생이 아니니라."

"是故로 佛說菩薩은 心不應住色布施니라. 須菩提야, 菩薩은 爲利益
一切衆生하야 應如是布施니라. 如來說 一切諸相이 卽是非相이며
又說一切衆生이 則非衆生이니라."

그러하니 보살들아! 어떤 선입견에 이끌려 베풀지 마라. 티 없
이 베풀고 계산 없이 베풀라. 수보리여, 보살은 중생에게 어떻게
보시를 하는가? 그들에게 진정한 도움을 주기 위하여 보시할 뿐
이다. 순수하게 계산하는 마음 없이 베풀 때 그 순수한 마음에
동화되어 중생은 부처님께 좋은 마음을 낼 수 있다.

중생이란 말에는 어리석고 불쌍하다는 뜻이 포함되어 있으나,
모든 선입견이 사라진 보살은 중생이라는 표현, 어리석다거나 불
쌍하다는 표현을 사용하지 않는다. 왜냐하면, 이 표현들은 다 선
입견에서 나온 주관적 판단이기 때문이다. 따라서 보살은 중생을
어리석거나 불쌍한 존재로 보지 않음은 물론, 자신과 별개의 존
재로도 보지 않는다. 어리석음이나 불쌍함이라는 선입견이 모두
소멸된 보살은 중생을 부처님과 다르지 않은 존재로 여긴다. 중생
이 보기에 마음, 부처, 중생 이 셋은 달라 보이지만 부처님이 보기
에는 다 똑같다心佛及衆生 是三無差別.

〈화엄경〉

"수보리여, 부처님은 항상 참말을 하며, 실속 있는 말만 하며, 시
종일관하게 말을 한다. 허튼 소리나 이랬다저랬다 하지 아니한

다. 수보리여, 부처님께서 얻으신 진리는 실함도 없고 허함도 없느니라."

"須菩提야, 如來는 是眞語者며 實語者며 如語者며 不誑語者며 不_異語者니라. 須菩提야, 如來所得法은 此法이 無實無虛니라."

수보리여, 보통 사람은 내 말에 믿는 마음을 내기 참 어려울 것이다. 그러나 수보리여, 내 말은 참이니라. 참 이익이 되는 말이니 반드시 실행하라. 이랬다저랬다 하는 것처럼 보이는 것은 그대들의 선입견으로 인해 나의 말을 잘못 들었기 때문이다.

'여래소득법'이란 부처님의 사상이나 법식을 의미합니다만, 부처님의 사상이니 법식이니 하는 표현, 즉 사람에게 사용하는 표현을 부처님께 사용하는 것은 적합하지 않습니다. 부처님은 사람이 아니고 전지전능한 신神이기 때문입니다.

그러나 부처님께 사람의 요소를 전혀 발견할 수 없다면 사람들과 감정을 함께 공유하며 친해질 수 없음은 물론이려니와, 사람들에게 부처님의 뜻을 실감 나게 전달할 수도 없을 것입니다. 사실 부처님의 사상이나 행동 양식은 도저히 인간이 이해할 수 있는 말로 다 설명할 수 없고 인간의 잣대로는 잴 수 없다는 뜻에서 '무실'이라 하셨고, 그러나 인간에게 아무런 영향을 미치지 않는 것이 아니라 상당한 영향을 주기 때문에 '무허'라고도 하신 것입니다.

즉, 당신의 인격은 인간이 상상할 수 있는 어떤 특징이 있다 할 수 없어도無實 중생에게 감동을 주고無虛, 당신이 가지고 있는 사상이나 철학이 없는 것 같아도無實 사람들에게 어떤 사상가나 철학자보다 깊은 지혜를 주며無虛, 부처님의 행동은 아무 티가 없고 물 같고 바람 같지만無實 대단한 위력이 있다無虛는 뜻입니다. 무실무허는 마음을 잘 닦는 사람들의 일상생활에서도 쉽게 찾을 수 있습니다.

자꾸자꾸 달라 하면 더욱 얻지 못하고
두루두루 주려 하면 도리어 많이 얻네.
남 흉보기 좋아함은 마음속 진심의 탓
흉볼 때 시원해도 지나가면 허탈하네.

사람들에게 경천 당해도 여여부동하다면
성인들이 칭찬하고 무연환희無緣歡喜 샘솟네.
세상이 잘못이라 원인분석 하지 말고
제 마음에 분별 쉬면 도처가 극락일세.

잘난 마음 지속하면 지혜의 싹 소멸하며
배우는 맘 연습하면 지혜 광명 비추네.
세상의 모든 이치, 둘이 아니며
유실有實이 알찬 듯해도 실로는 무력하며
무실無實이면 무력無力인 듯 한없이 위력 있네.

무실무허 성인의 뜻 잘 받들어 실행하면
부처님을 닮아가며 드디어는 성불하네.

윗글에서 탐내고 성내고 어리석음은 유실에 해당하고, 분별심이 쉬는 것은 '무실', 지혜 광명과 행복은 '무허'에 해당한다고 하겠습니다. 부처님께서는 무실무허를 좀더 구체적으로 설명하십니다.

"수보리여, 만일 보살이 마음에 선입견을 가지고 보시한다면, 이 사람은 어둠 속에 들어간 것과 같이 아무런 지혜 없음과 같고, 만일 보살이 마음에 아무 선입견 없이 순수하게 보시한다면, 이 사람은 눈을 뜬 사람이라 밝은 낮에 여러 색을 보는 것과 같으니라."

"須菩提야, 若菩薩이 心住於法하고 而行布施하면 如人이 入闇에 則無所見이니라. 若菩薩이 心不住法하고 而行布施하면 如人이 有目하고 日光이 明照하야 見_種種色이니라."

"수보리여, 만일 보살이 사람들에게 어떤 선입견을 가지고 베푼다면, 이 사람은 어두워서 아무것도 보지 못하게 되는 것과 같다." 이는 유실이므로 지혜가 없어진다는 설명입니다. "만일 보살이 사람들에게 아무 선입견 없이 순수하게 베푼다면, 이 사람은 밝은 낮에 눈으로 사물을 똑똑히 구분할 수 있다." 이는 그의 마음이 무실이 되었기에 능력은 무허에 도달할 수 있다는 설명입니다. 중생은 마음 밖에 무엇이 있는 줄 알고 집착하므로有實 지혜가 없게 되지만, 밝은 이는 마음 밖에서 무엇을 구하지 않고 따라서 집착하지 않으므로無實 지혜의 위력을 나타낸다고無虛 하겠습니다. 유실즉허 무실즉무허 有實卽虛 無實卽無虛라는 말씀이 일상생활에서 주는 교훈은 이와 같으며, 이를 통해 더욱 행복한 삶을 창조하라는 메시지가 포함되어 있습니다.

"수보리여, 미래세에 선남자선여인이 이 경을 수지독송하면 부처님의 지혜로 이 사람이 무량무변공덕을 얻는 것을 다 보고 다 아시느니라."

"須菩提야, 當來之世에 若有善男子善女人이 能於此經에 受持讀誦하면 則爲如來 以佛智慧로 悉知是人하시며 悉見是人이 皆得成就 無量無邊功德이니라."

수보리여, 이 경 속에는 부처님의 마음이 담겨 있다. 고귀한 인격과 심오한 사상이 여러 곳에 펼쳐져 있다. 부처님의 불가사의한 법식도 담겨 있다. 신심을 내어 이 글을 읽을 때 바로 부처님을 닮아가리라. 신념으로 그 말씀을 다른 사람들에게 이야기해 주어라. 부처님은 확실히 약속한다. 이 사람은 무량무변 공덕을 성취할 것을.

뜻 모르고 경 읽어도 부처님 향해져
아상이 줄어들고 마음이 상쾌하네.
뜻 알고 경 읽으며 부처님 공경 함께 하면

아상의 벽 무너진 틈 부처님 광명 비추고,
재앙은 소멸하고 소원이 성취되며
마음속은 항상 기쁨, 최상의 행복 얻네.

아상이 사라진 곳 선입견 소멸되어
지혜가 충만하고 큰 불사 이룩하며,
자비심 두루 갖춰 많은 중생 도와주네.

금강경 책만 보아도 마음 절로 쉬고,
부처님 더욱 닮아 무량공덕 이룩하며,
부처님의 결정 얻어 큰 밝음 성취하네.

15

금강경을 수지독송하는 공덕이 매우 크다

持經功德分

한 스승 밑에서 큰 깨달음을 목표로 공부하는 두 수도자가 있다고 합시다. 두 수도자는 그야말로 생명을 거는 초인적인 노력으로 수도 생활을 하는 중이었습니다. 어느 날 스승은 그들 중 한 수도자에게 다가와서, "너는 큰 깨달음을 얻을 수 있는 충분한 소질이 있다. 시간문제이며 언젠가 반드시 깨치고야 말 것이다."라고 말씀하셨습니다. 스승의 말씀에 절대적인 믿음을 가지고 있는 그 수도자는 그 말씀을 듣고 대단히 기뻐하였고 희망이 넘쳐흘렀습니다.

스승의 격려를 들은 수도자와 그렇지 않은 수도자 중 어느 경우가 먼저 깨달음을 얻을까요? 우리는 금강경 15분에서 부처님께서 주시는 격려와 희망의 메시지를 발견할 수 있습니다.

"수보리여, 만약 신남자선여인이 하루 중 오전에 항하의 모래 수

만큼의 많은 생명을 남에게 보시하고, 오후에 다시 항하의 모래 수만큼 많은 생명으로 남을 위하여 보시하고, 저녁에 다시 항하의 모래 수만큼 많은 생명으로 남을 위하여 보시하기를 한량없는 세월 동안 태어날 때마다 계속하였다. 여기 어떤 사람이 이 금강경 내용을 듣고 믿는 마음이 변치만 않아도, 그 공덕은 앞에서 말한 공덕보다 더 크나니, 하물며 이 금강경을 쓰고 지니고 읽으며 다른 사람을 위하여 그 내용을 이야기하는 공덕은 얼마나 크겠느냐? 수보리여, 요약하건데 이 경은 불가사의한 큰 공덕이 있느니라."

"須菩提야, 若有善男子善女人이 初日分에 以恒河沙等身으로 布施하고 中日分에 復以恒河沙等身으로 布施하고 後日分에 亦以恒河沙等身으로 布施如施 無量百千萬億劫에 以身布施하고 若復有人이 聞此經典하고 信心이 不逆하면 其福이 勝彼니 河況書寫受持讀誦하야 爲人解說이랴. 須菩提야, 以要言之컨데는 是經이 有不可思議不可稱量無邊功德이니"

지상에서 가장 소중한 가치는 생명입니다. 따라서 생명을 부처님께 드리는 행위는 어떤 고귀한 물건을 부처님께 드리는 행위보다 더욱 거룩한 일이 되며, 그 공덕이 더욱 크다고 하겠습니다. 공덕이 위대한 이유는 아상이 더 많이 소멸되며, 많은 부처님 광명이 흘러들어 오기 때문입니다. 아상이 소멸하는 크기에 있어서 생명을 드리는 행위는 신심불역이 동반되지 않는 금강경 독송의 행위를 훨씬 압도할 수 있을 것입니다. 한 생명도 아닌 무수히 많은 생명을, 그것도 하루에 세 번씩이나 각각 갠지스강의 모래 수만큼 보시한다고 하면, 아상이 모두 소멸하여 큰 밝음을 이룩할 수 있겠지요. 중생을 위하여 많은 목숨을 바치는 행위에는 다음의 글처럼 보통 사람을 부처님으로 되게 하는 공덕이 있습니다.

> … 내가 석가모니 부처님을 뵈오니 한량없는 오랜 세월 동안 어려운 일을 행하시어 공을 쌓으시고 덕을 쌓아 보살도를 구하시기를 잠시도 그치지 아니하셨습니다. 삼천대천세계의 넓은 땅 중 어떤 작은 겨자 씨만한 땅일지라도 이 보살이 중생을 위하여 목숨을 버리지 아니한 곳이 없습니다三千大千世界 無有芥子許地非是菩薩捨身命處. 중생을 위하여 이렇게 한 뒤에야 겨우 깨달음을 이루셨거늘 …

〈법화경 제바달다품〉

그러나 부처님께서는 이 금강경을 믿는 마음이 변치 않는다면, 그 공덕은 무수히 많은 생명을 쉴 새 없이 보시한 공덕보다 더 크다고 하십니다. 참 이해하기 어려운 말씀입니다. 하지만 이해하기 어려운 이 말씀을 이해할 수 있는 핵심은 바로 '신심불역', 즉 금강경을 믿는 마음이 변치 않는 데 있습니다.

여기서 부처님께서 말씀하시는 '신심불역'이란 무슨 뜻일까요?

금강경 3분에 "실무중생득멸도자實無衆生得滅度者"라 하신 것처럼, 아상은 분별의 산물이며 본래 없는 것이므로 우리는 본래 부처님과 조금도 다르지 않은 위대한 존재라 할 것입니다. 우리가 본래는 부처님과 조금도 다르지 않다는 사실에 대한 믿음, 그것이 바로 '신심 불역'이라 하겠습니다. 생명을 드리는 행위를 쉬지 않고 계속하면 당연히 아상이 소멸되고 드디어는 부처가 됩니다만, 아상을 소멸하는 행위를 하여도 우리가 부처와 다르지 않은 존재라고 믿고 실행하는 경우와 부처와 다른 존재라고 생각하며 실행하는 경우와는 그 성과 면에서 상당한 차이가 있을 것입니다. 금강경에서 부처님께서는 누누이 우리는 부처님과 다르지 않은 존재임을 일깨워 주셨고, 금강경을 수지독송하면 반드시 밝음을 얻을 수 있으리라는 결정의 말씀도 하셨습니다.

결정이란 무엇인가? 결정이란 어떤 근거나 경험에 의존하여 내린 판단이 아니라, 그 말씀에 의지해서 그대로 전개되는 것이 특색입니다. 부처님께서 제자들에게 수기受記를 주시는 장면이 법화경에 여러 번 등장하는 데 이것은 일종의 결정이라 하겠습니다. 그 수기는 어떤 뚜렷한 근거에 의존하여 주셨다고 할 수 없으며, 반대로 그 말씀에 비롯하고 의지해서 부처가 된다고 할 것입니다. 따라서 결정의 말씀은 해석하면 안 됩니다. 이 말씀에 의존하여 공덕이 창조된다고 할 뿐입니다.

'신심 불역'하면 갠지스강의 모래 수보다 더 많은 생명을 보시한 복보다 더 많다는 뜻은, 희망의 메시지 없이 공부하는 사람이 제아무리 열심히 공부해도, 희망의 메시지를 품고 공부하는 사람이 공부 성과가 더 크다는 말씀입니다. 금강경에 대한 최고의 예찬이요 획기적인 말씀입니다. 이러한 부처님의 희망의 메시지를 생각하면 누구나 금강경을 만난 것에 대해 깊이 감사드리는 마음이 날 것입니다.

부처님께서 결정하신 법, 참으로 감사하여라.
어둠 속에서 광명의 빛 찾을 수 있고
불가능 속에서 '가능'의 희망 찾네.

논리가 없고 근거 없다 하여도
부처님의 말씀 분별의 대상 아니며
경험을 말씀하시면 그대로 믿고
비유로 설명하시면 즐겁게 받아들이고
자신의 경험과 다르고 상식과 달라도
의심하거나 분별심을 내지 마세.

본래 부처 모양이 영험한 것 아니요,
도인 계신 절에 부처님이 영험하듯,
좋은 말씀이 공덕이 아니라
부처님이 말씀하셨으니 공덕이라.

부처님 아니 계시면 불법 아니니
말이 화려해도 그 말만 따르지 말라.
'금강경' 하는 소리에도 신심 낼 때
참 공덕이 함께하리.

"부처님의 이 가르침은 대승의 마음을 낸 사람이나 최상승의 마음을 낸 사람을 위해서 이야기한 것이다."

"如來 爲發大乘者說이시며 爲發最上乘者說이시니라."

금강경 15분에서 부처님께서는 유례없이 경전의 공덕이 장엄함을 말씀하셨습니다만, 이는 단순히 경의 공덕이 위대함을 설명하셨다기보다 경에 대한 새로운 선언과 약속을 하셨다고 보아야 합니다. 이 경을 수지독송하면 수많은 생을 살아오며 지은 업보업장을 모두 잘 닦아 이번 생에 부처님이 될 것이라는 결정의 말씀을 하신 것입니다. 그런데 이 결정의 말씀은 아무에게나 적용되는 것이 아니고 대승의 마음을 낸 사람이나 최상승의 마음을 낸 사람, 즉 부처님의 말씀을 받아들일 준비가 되어 있는 사람에게만 축복이 된다는 말씀입니다.

대승자란 그 용심이 자기가 잘되는 데 있지 않고 부처님 시봉에 있는 사람을 의미하며, 최상승자는 대승자보다 더욱 부처님을 기쁘게 해 드리기 위한 삶을 사는 사람, 즉 부처님만이 절대인 사람을 의미한다고 하겠습니다. 자신의 일보다 부처님 시봉에 더욱 마음을 내는 사람, 부처님을 절대로 아는 사람만이 보배로운 법비의 축복을 다 받을 수 있다는 뜻이겠지요. 의상 스님의 〈법성게〉에서도, '중생에게 이익이 되는 보배로운 비가 온 우주에 가득하건만, 받아들일 준비가 된 정도에 따라서 제각각 받아들여지네雨寶益生滿虛空 衆生隨器得利益.'라 하였는데, 이는 아무리 좋은 법비라도 받아들일 준비가 된 사람에게만 축복을 내린다는 뜻이라 하겠습니다.

"만일 어떤 사람이 이 금강경을 수지독송하고 널리 다른 사람을 위하여 설명한다면, 부처님은 그 사람이 헤아릴 수 없고 말할 수 없고 끝이 없는 불가사의한 공덕을 성취하는 것을 확실히 알고 보시나니, 마치 부처님의 아누다라삼막삼보리를 감당한다 할 것이다."

"若有人이 能受持讀誦하야 廣爲人說하면 如來 悉知是人하시며 悉見是人이 皆得成就不可量 不可稱 無有邊 不可思議功德이니 如是人等은 則爲荷擔如來 阿耨多羅三藐三菩提니라."

부처님께서는 경을 수지독송하면 이번 생에 부처가 되리라는 결정의 말씀을 계속하고 계시는데, 위의 구절을 알기 쉽게 의역하면 다음과 같습니다.

만일 어떤 사람이 이 경을 신심으로 읽고 기쁨과 신념에 넘쳐 널리 다른 사람들에게 그들의 진정한 행복을 위하여 즐겁게 이야기해 줄 수 있다면, 이 사람은 말할 수 없이 한량없고 끝도 없는 공덕을 이룰 것이다. 나는 분명히 약속한다. 이 사람은 부처님께서 주시는 최상의 선물, 즉 아누다라삼막삼보리도 감당할 사람이라는 것을.

"왜냐하면 수보리여, 만일 작은 진리를 좋아하는 사람은 아견 인견 중생견 수자견에 집착하므로, 이 금강경을 제대로 이해하거나, 받아들이거나, 독송하거나, 남들이 알아듣도록 설명하지도 못할 것이다."

"何以故오 須菩提야, 若樂小法者는 着我見 人見 衆生見 壽者見일

새, 則於此經에 不能聽受讀誦하야 爲人解說이니라."

왜냐하면, 소승법을 좋아하는 사람은 이기적이어서 이러한 가르침을 받아들일 준비가 되어 있지 않으므로, 설사 이 경을 들어도 잘 들리지도 않을 것이며 따라서 신심도 나지 않아 신념에 도달할 수 없을 것이다. 또한 다른 사람에게 밝아지도록 이야기해 줄 수 없음은 물론이다.

소승법을 좋아하는 사람이란, 자신의 문제나 고통, 구원에만 관심이 있을 뿐 다른 사람의 문제나 고통 그리고 구원에는 관심이 없는 사람을 말합니다. 즉, 부처님 시봉이나 부처님 기쁘게 해 드리는 각종 불사에는 관심이 없습니다. 따라서 이러한 사람은 부처님의 가르침을 속속들이 받아들일 준비가 되어 있지 않을 것입니다.

대승과 소승은 어떻게 구분할까요? 한 스님의 칼럼을 예로 들어 보겠습니다.

예전에 가톨릭 재단의 대학교에서 700여 명의 청중 앞에서 강연한 적이 있었다. 한 시간 남짓한 강연에 이어 청중들과 질의 응답시간을 가지게 되었고 쏟아지는 흥미로운 질문들에 최선을 다해 답변하고 있었다. 갑자기 강당 2층 끝에 있는 한 학생이 손을 번쩍 들더니 말한다. "스님들은 세상에서 가장 이기적인 존재예요. 그래서 저는 스님이 싫어요. 왜냐? 스님들은 부모님도 떠나고 가족이나 사회에 대해서도 무관심하고 자기 자신만을 챙기거든요. 어떻게 이 어려운 시기에 가족을 저버릴 수 있어요? 그럴 게 아니라 가족과 함께 살다 결혼도 하고 가정도 꾸려가면서 사회에 일조해야 하는 것 아닌가요? 어떻게 생각하세요?" 황당한 듯 여기 저기서 웃음이 터져 나온다. 앞쪽에 있는 청중들은 누구인지 궁금해 하며 뒤돌아본다. 정말 용감하거나 아니면 무례하기 짝이 없다는 생각이 든 모양이다. 나는 그냥 웃기만 했다. 당시 강당에는 수녀님 여남은 분과 신부님 대여섯 분이 계셨다.

이러한 학생의 질문에 대하여 나는 다음과 같이 답변하였다. "학생이 스님이 싫다면 수녀님들도 싫어해야 합니다. 왜냐하면, 수녀님들도 스님들과 마찬가지로 출가하였기 때문입니다. 스님이나 수녀님들도 싫다면 신부님도 싫어해야 하지요. 이들은 학생들을 위하여 출가하였습니다. 그리고 스님, 수녀님, 신부님이 싫으면 예수님, 부처님도 싫어해야 합니다. 이 두 분은 저희에게 부모, 가족 그리고 집을 떠나라고 말한 장본인이시거든요." (중략) 신부님께서는 설교단에서 "예수님께서는 나를 위해 자기 부모와 아내와 자녀와 형제자매를 떠나라고 하셨습니다."라고 강론하셨고, 이 말은 내게 유도탄이 되어 회색 승복을 입고 수행의 길을 걷게 하였습니다.

〈조선일보 칼럼, 2003. 10. 6〉

스님의 출가는 이기적이 아닌 이타행이라는 근거로 제시한 논리입니다. 신부님이나 수녀님이 자기자신만을 위해 성직자가 된 것이 아니라 예수님의 뜻을 기쁘게 해 드리기 위하여 출가하였기에 이기석이 아닌 것처럼, 스님들의 출가도 부처님의 뜻을 따라 출가하였기에 이기적이 아니라는 논리의 이야기입니다.

부처님의 뜻을 따르고 부처님 기쁘게 해 드리려는 마음은, 아상을 소멸하는 마음이요 대승의 정신입니다. 아무리 좋은 말씀도 그것이 부처님을 기쁘게 해 드리기 위해 행하는 것이 아니라면, 소승법이고 이기적이며 아상을 키우는 법이 되기 쉽습니다. 출가를 하되 자신의 도통을 목표로 하기보다는 부처님 뜻을 따르고 기쁘게 해 드리며 이타행을 실천할 때, 아상의 벽이 허물어지고 무량무변 공덕을 성취할 수 있습니다. 반대로 내가 수도하여 도통하겠다고 한다면 소승의 정신이 되기 쉽습니다. 이러한 용심은 아상을 소멸하기보다는 아상을 키우는 결과가 되기 쉬우므로, 주위 사람들에게 아무런 도움도 주지 못함은 물론, 밝아지기도 어려울 것입니다.

"수보리여, 어디든지 만약 이 금강경이 있는 곳이라면 그곳은 모든 세계의 인간, 하늘나라 사람, 아수라가 으레 와서 공양하게 될 것이다. 마땅히 알아라. 그곳은 곧 부처님 모신 탑과도 같으니라. 모두 공경하며 절하고 주위를 돌며 아름다운 꽃과 향을 그곳에 뿌릴 것이다."

"須菩提야, 在在處處에 若有此經하면 一切世間 天人 阿修羅 所應供養하리니 當知此處는 則爲是塔이라. 皆應恭敬作禮圍遶하야 以諸華香으로而散其處니라."

부처님께서는 이 경을 수지독송하는 사람은 수없이 많은 생을 살아오면서 지은 업보업장을 모두 잘 닦아 이번 생에 부처님이 될 것을 선언하시고 약속하셨습니다. 그 사람은 곧 밝아질 사람, 그가 있는 곳은 부처님이 계시는 곳과 다름없다고 하십니다. 따라서 모든 지혜 있는 중생(모든 세계의 인간, 하늘나라 사람, 아수라)이 공경하며 공양할 것이며 꽃과 향으로 장엄할 것이라고 증언하십니다.

—

16

능히 업장을 닦아 맑게 한다

能淨業障分

"다시 수보리여, 선남자선여인이 이 경을 수지독송하여도 다른 사람에게 가볍고 천한 대우를 받는다하자. 이 사람이 금강경을 수지독송하지 않았다면, 선세에 지은 죄업으로 인하여 반드시 후세에 악도에 떨어지리라. 그러나 금강경을 수지독송하면 경천의 보를 받음으로 전생에 지은 죄업이 소멸되어 내생에도 악도에 떨어지지 않음은 물론, 반드시 아누다라삼막삼보리를 얻게 되느니라."

"復次 須菩提야, 善男子善女人이 受持讀誦此經하되 若爲人輕賤하면 是人은 先世罪業으로 應墮惡道언마는 以今世人이 輕賤故로 先世罪業을 則爲消滅하고 當得阿耨多羅三藐三菩提니라."

부처님께서 2,500여 년 전 하신 말씀이지만, 부처님께서 오늘날

현대 사회에 오셨다면 우리를 위하여 알기 쉽게 자세히 풀어 말씀하실 것입니다. 다음과 같이 상상해 봅니다.

수보리여, 그대들은 태어나면서부터 괴로움을 느꼈고, 좋아하는 사람을 못 만나 괴로워했으며, 싫어하는 사람과 함께 사는 것도 괴로워하였다. 부귀영화를 구하지 못하여 괴로웠고, 이로 인한 근심, 걱정, 번민이 많아서 괴로웠다. 늙어가며, 병들어서 괴로웠고, 죽음에 대한 공포로 괴로웠다. 그래서 그대들은 이 세상을 고해라 하였다.

어이하여 이 세상은 이토록 괴로움이 많을까? 이 괴로움이란 다른 사람이 주는 것이 아니요, 그대들이 오랜 세월 전부터 지어온 한량없는 죄업이 불러온 결과일 뿐이다. 남에게 업신여김을 받는 것, 천대를 받는 것, 다 자신이 저지른 죄업의 결과이다. 그대들은 본래 나와 똑같은 위대한 존재요, 한량없는 복을 누릴 자격을 갖춘 존재요, 죄업과는 무관한 존재였다. 그러나 아주 오랜 세월 전에 자신이 부처님과 똑같이 위대한 존재임을 망각하였고, 중생다운 것을 좋아하는 마음이 생겼다. 이 좋아하는 마음이 점점 발전하여 본래는 있다고 생각지 않았던 '나'라는 존재를 있는 것으로 착각하고, '나'가 있으니 상대가 존재한다고 착각하며 각종 괴로움이 꼭 존재하는 것처럼 여기게 되었다.

수보리여, 그대들이 지금 금강경을 독송하여도 다른 사람들로부터 멸시를 받는다고 하자. 이 경천의 괴로움이 본래 존재하는 것이냐? '나'니 상대니 하는 것이 착각일 뿐 실로는 없는 것이라면 경천의 괴로움이 어디 있다 하겠느냐? 그러나 괴로움이 분별일 뿐 본래 없다는 부처님의 가르침을 받아들이지 않고 괴로움이 꼭 있다고 생각하는 것은, 그대들의 죄업이 너무 깊게 물들었기 때문이다於諸欲染 貪著深故.

그대들이 금강경을 수지독송하는 것은 무슨 뜻이냐?

바로 '내가 겪고 있는 경천의 괴로움은 다 내가 지은 죄업의 탓이다. 하지만 그 죄업이 착각일 뿐 본래는 없는 것이요, 그로 인한 경천의 괴로움 또한 다 착각이다.'라고 선언하는 것과 같다. 이러한 선언인 금강경 수지독송은 그대들의 죄업을 소멸케 하고 경천의 괴로움에서 벗어나 안락하게 한다.

그러나 수보리여, 경천의 괴로움이 본래 없으므로 또한 싫어해야 할 이유도 없다. 죄업이 많은 중생이 경천의 괴로움이 있었기에 자신의 죄업이 있는 것을 알게 되니, 경천의 괴로움이란 마치 자기 죄업의 모습을 비추어 주는 거울과도 같다. 경천의 괴로움을 겪지 않았다면 경천의 근본인 죄업을 발견할 수도 죄업의 뿌리를 뽑을 수도 없었을 테니, 경천의 괴로움을 싫어하지 말고 오히려 감사해야 할 것이다. 경천의 괴로움을 받음으로써 죄업이 소멸하여 밝아지는 데 장애가 없어지며, 금강경을 독송하므로 부처님과 조금도 다르지 않은 위대한 존재임을 확인하여 반드시 최고의 행복을 얻게 되리라當得阿耨多羅三藐三菩提.

만일 그대들이 금강경의 부처님 말씀을 만나지 못하였다면 어떠하였을까? 경천의 괴로움을 야기시킨 죄업을 발견할 수 없고 소멸하는 방법도 알지 못하기에, 이 세상은 괴롭다고 원망하다가 각종 재앙을 당하고 드디어는 악도에 떨어지고야 말 것이다應墮惡道.

경천의 고통이 자신의 죄업임을 알아 그 죄업을 수도로 극복하고 드디어 밝은 행복을 맛본 사람을 요즘에도 발견할 수 있습니다. 다음은 중국 공산당 체제에서 아무런 이유 없이 20년 동안 감옥 생활하며 심한 고문을 받아 제대로 걸을 수도 없었던 티베트의 한 스님 이야기입니다.

고문한 사람에게 감사합니다. 나는 그분들에게 인욕과 자비를 배웠습니다. 지난 20년 동안 나는 행여나 그들을 대할 때 그들에 대한 자비심을 잊어버릴까 두려워했습니다. 그런 나를 두고 다른 사람들은 20년 동안 감옥살이의 험악한 상황에서도 얼굴이 변하지 않고 여전히 젊다고 합니다.

〈법보신문, 2004. 10.〉

감옥에 20년 동안 갇힌 것 그리고 고문과 구타를 당한 것은 선세 죄업에 해당될 것입니다. 말하자면 이 스님은 언제인가 이처럼 고통을 당할 만한 죄를 지었음이 틀림없습니다. 그러나 이 스님은 그 고통이 자신이 선세에 저지른 죄업의 결과임을 알고, 또 이 기회가 선세죄업을 참회할 기회임을 알며, 원망하지 않고 고문한 사람에게 감사했습니다. 그 결과 선세죄업을 소멸하였고 따라서 한없는 행복을 맛보았다 할 것입니다.

죄가 많다고 참회하는 순수한 티벳의 스님
그 스님보다 더 나을 자신이 없다면

누구나 많은 죄를 지었을 것입니다.
이것이 무시겁 업보업장이라 할 터인데
그리스도교의 원죄와 다르지 않아 보입니다.

이것 때문에 무상을 느끼고
이것 때문에 온갖 고통을 느끼고
이로부터 근심 걱정 생기며
종교의 필요성을 느끼고
수도를 하게 됩니다.

수도의 목표인 깨달음이란
자기 죄가 없어지고 아상이 소멸되는 것.
병적인 착각 증세가 사라지며
제정신 돌아와 정신이 건강해지고
고향에 돌아와 부처님 만나는 것입니다.

모든 생각 부처님께 바치는 일 실천하면
경천을 당함으로 경천인연 해탈하고
근심 걱정을 통하여 참 행복을 찾게 되고
아상 속에서 참나를 찾으니
승과 속이 다르지 않고
정법과 사법을 구분하지 않습니다.

보통 사람은 경천을 고난으로 보고 싫어하지만 보살은 경천을 고난으로 보지 않고 싫어하지도 않습니다. 선세죄업이 소멸되어 존귀해질 때가 온 것으로 알고 감사합니다. 이처럼 보살은 경천과 존귀를 다르지 않게 볼 수 있으며 마찬가지로 고통과 즐거움을 다르지 않게 보며 나아가서는 번뇌와 보리, 중생과 부처를 다르지 않게 봅니다. 이러한 불이不二의 정신이 곧 보살의 정신이요, 만인에게 존경받고 사랑받는 정신입니다. 불이의 정신을 실천하는 보살은 정신이 건강해져 많은 사람의 사랑을 받고 의지처가 되는 것을 다음 수행자의 시 속에서 발견할 수 있습니다.

내가 당신을 사랑하는 것은 까닭이 없는 것이 아닙니다.
다른 사람들은 나의 홍안紅顏만을 사랑하지만
당신은 나의 백발도 사랑하는 까닭입니다.

내가 당신을 그리워하는 것은 까닭이 없는 것이 아닙니다.
다른 사람들은 나의 미소만을 사랑하지만
당신은 나의 눈물도 사랑하는 까닭입니다.

내가 당신을 기다리는 것은 까닭이 없는 것이 아닙니다.
다른 사람들은 나의 건강만을 사랑하지만
당신은 나의 죽음도 사랑하는 까닭입니다.

〈사랑하는 까닭에〉

한용운 스님의 시 〈사랑하는 까닭에〉에서 당신은 홍안과 백발, 미소와 눈물, 건강과 죽음을 평등하게 볼 수 있는 튼튼한 정신의 소유자, 즉 보살을 말한다고 하겠습니다.

"수보리여, 내가 생각하니 과거 오랜 옛날 연등부처님 이전에 8백4천만 억 나유타의 수, 즉 이루 헤아릴 수 없이 많은 부처님을 뵈올 수 있었고, 그 많은 부처님을 다 공양하고 섬기기를 한 분도 빠뜨리지 않았느니라.

만약 훗날 말세에 이 경을 받아서 능히 독송하는 사람이 있다면 그가 얻는 공덕은, 내가 모든 부처님께 공양하여 얻은 공덕마저도 그 공덕의 백분의 일, 천만 억분의 일도 안 되고 그 어떤 큰 수로 비교해도 능히 미칠 수가 없다.

수보리여, 만일 말세에 선남자선여인이 이 경을 수지독송하여 얻을 공덕을 내가 다 이야기한다면, 너무나 그 공덕이 크고 위대한 것에 놀라고 두려워 의심하고 믿지 않을 것이다. 왜냐하면, 이 금강경이 가지고 있는 뜻이 불가사의한 것처럼 과보 또한 불가사의하기 때문이니라."

"須菩提야, 我念하니 過去無量阿僧祇劫에 於然燈佛前에 得值八百四千萬億那由他諸佛하야 悉皆供養承事하야 無空過者니라. 若復有人이 於後末世에 能受持讀誦此經하면 所得功德은 於我所供養諸佛功德이 百分에 不及一이며 千萬億分乃至算數譬喩에 所不能及이니라.

須菩提야, 若善男子善女人이 於後末世에 有受持讀誦此經하면 所

得功德을 我若具說者ㄴ데는 或有人이 聞하고 心則狂亂하야 狐疑不
信하리라. 須菩提야, 當知是經義가 不可思議일새 果報도 亦不可思
議니라."

부처님께 공양한 공덕이 얼마나 클까요?
그 공덕을 금강경을 수지독송한 공덕과 비교한다면?

백 명의 악한 사람에게 공양하는 것보다 선한 사람 한 명에게
공양하는 것이 낫다. 천 명의 선한 사람에게 공양하는 것보다 오
계를 지키는 한 명에게 공양하는 것이 낫다. 만 명의 오계를 지키
는 사람에게 공양하는 것보다 한 명의 수다원에게 공양하는 것
이 낫다. 백만의 수다원에게 공양하는 것보다 한 명의 사다함에
게 공양하는 것이 낫다. 천만의 사다함에게 공양하는 것보다 한
명의 아나함에게 공양하는 것이 낫다. 일억의 아나함에게 공양하
는 것보다 한 명의 아라한에게 공양하는 것이 낫다. 십억의 아라
한에게 공양하는 것보다 한 명의 벽지불에게 공양하는 것이 낫
다. 백억의 벽지불에게 공양하는 것보다 한 명의 삼세제불에게 공
양하는 것이 낫다. 천억의 삼세제불에게 공양하는 것보다 생각도
없고 주함도 없으며 닦지도 아니하고 증득도 아니한 한 분을 공양
하는 것이 낫다.

〈사십이장경四十二章經〉

이 경의 말씀 중 생각노 없고 주함도 없으며 닦지도 아니히고 증

득도 아니한 한 분의 공양이란 바로 '금강경 수지독송'이라 하겠습니다. 부처님께서 결론적으로 말씀하신 "당지시경의가 불가사의하고 과보도 불가사의하다."에서, 다음과 같이 신심의 필요성과 축복의 당위성이 담긴 메시지를 발견할 수 있습니다.

금강경의 내용을 자세히 해석하기에 앞서 우선 잘 믿어라. 그리고 기쁘게 수지독송하여라. 그러면 영원히 악도에 떨어지지 않는 불퇴전不退轉의 행복을 얻으리라.

17

결국 나라는 것은 없다

究竟無我分

부처님께서는 부처님 말씀을 잘 알아듣지 못하는 사람들을 더 잘 일깨워 주시기 위하여 금강경 내용을 3회 반복하여 말씀하셨다고 합니다. 금강경 17분은 3분의 내용을 그대로 반복한 것처럼 아주 유사함을 알 수 있으며, 금강경이 마지막으로 잘 정리되는 느낌입니다.

그때 수보리 존자가 부처님께 말씀드리기를,
"선남자선여인이 아누다라삼막삼보리의 마음을 낼 때 어떻게 머무르며 어떻게 그 마음을 항복받겠습니까?"
爾時에 須菩提 白佛言하되,
"世尊하, 善男子善女人이 發阿耨多羅三藐三菩提心인데는 云何應住며 云何降伏其心이니잇고."

보통 사람들은 "부처가 되려면 어떻게 수도해야 합니까?" 하고 자기 분수를 모르는 질문을 할 수 있습니다. 그러나 수보리 존자와 같이 지혜로운 분이라면, 겸손하고 배우는 사람답게 질문하였을 것입니다.

"부처님이시여, 죄업으로 뒤덮인 중생이 부처님께 깊은 신심을 내고 부처님의 위대함에 깊이 존경하는 마음을 내어, 부처님을 따르고 닮고 싶다면 어떤 마음으로 수도해야 하겠습니까?"

부처님께서 수보리 존자에게 말씀하시기를,
"사람들이 부처님을 닮고 그 길을 따르려 한다면 마땅히 다음과 같이 마음을 내어야 한다. 내가 마땅히 모든 중생을 제도하겠다고 하여라. 모든 중생을 다 제도한 후에는 실로 한 중생도 제도 받은 자가 없느니라."

佛告 須菩提하사되,
"善男子善女人이 發阿耨多羅三藐三菩提者ㄴ데는 當生如是心하되 我應滅度 一切衆生하리라 하라. 滅度一切衆生已코는 而無有一衆生이 實_滅度者니라."

부처님께서는 이 내용을 다음과 같이 알기 쉽게 풀어서 말씀하실 것으로 생각해 봅니다.

나는 그대들의 삶에서 일어나는 모든 문제 그리고 가지가지의 고통이 모두 자신의 마음(죄업)에서 비롯함을 알지 못하는 것을 늘 안

타까워하였다. 그러나 이제 그대들의 공부 수준도 상당히 높아져, 주위에서 일어나는 각종 사건이 다 마음에서 비롯된다는 일체유심조—切唯心造의 진리를 이해할 수 있게 되었다.

그대들은 중생이나 멸도라는 것이 마음 밖의 현상이 아니요, 자기 마음속의 중생이요, 마음속의 멸도임을 알 만큼 되었기에, 내가 "일체 중생을 멸도하겠다고 하여라."라고 말하였어도 그 참뜻은 그대들의 모든 생각이나 감정을 다 부처님 만들라는 뜻임을 잘 알 것이다.

생각이나 감정을 부처님 만든다는 것은 무엇을 뜻하느냐?

바로 자기 생각이나 감정을 '부처님!' 하는 마음과 바꾸는 것을 말한다. 자기 생각을 '부처님!' 하는 마음과 바꾸기 위해서 어떻게 할까? 모든 생각을 부처님께 바치면 된다. 여기서 부처님이란 그대들이 상상할 수 있는 어떤 형상이 아님은 물론이다.

수보리여, 나로부터 출발한 모든 생각 그리고 감정이란 다 착각으로 만들어진 허구의 작품이므로, 그 생각을 가지고 있는 한 그대들은 영원히 괴로움을 떠날 수 없으며 어두움을 면할 수 없다. 그대들이 진정 부처님을 닮고 싶다면, 자신의 생각이 모두 옳지 않은 줄 알고 부처님께 잘 바쳐라. 부처님께 바치는 순간부터 어두컴컴한 아상의 그림자는 사라지고 그 대신 밝은 부처님 광명이 함께할 것이다.

부처님의 광명이 비추어 참나가 드러날 것이요我, 도처에 극락세계를 발견할 것이요樂, 영원한常 행복의 길淨로 들어설 것이다. 그 세계에는 허구의 작품인 나와 너, 제도하는 사람과 제도받는 중생이 존재하지 않는다. 나누어 보는 마음이 없는 세계, 그 세계는 참 밝고 아름다운 세계이다.

이 글의 내용은 다음의 성경 말씀과 유사합니다.

"네 짐을 여호와께 맡기라. 그가 너를 붙드시고 의인의 요동함을 영원히 허락하지 아니하시리로다."〈시편 55장 22절〉

"왜냐하면, 수보리여 만일 이 사람이 아상 인상 중생상 수자상이 있으면 참 부처님 뜻을 따르는 자가 아니니라."

"何以故오 須菩提야, 若菩薩이 有我相 人相 衆生相 壽者相이면 則非菩薩이니라."

왜냐하면 수보리여, 보통 사람은 당연히 자신과 타인이 꼭 있는 줄 알고 이를 다르게 생각한다. 그러나 자신이 존재한다고 생각하는 것(아상) 그리고 자신과 타인을 다르게 보는 것(인상)은 다 이미 말한 바와 같이 심각한 착각 증세이다.

보살이란 무엇인가? 이 착각에서 벗어난 사람을 말한다. 따라서 보살은 자신이 꼭 존재한다고 믿지 않을 뿐 아니라 자신과 타인을 구분하지도 아니한다. 반대로 자신과 타인이 꼭 존재한다고 믿고 이를 구분하는 사람이 있다면, 이 사람은 보살이라고 할 수 없다.

"왜 그러하냐? 실제로는 아누다라삼막삼보리의 마음을 낼 법이 없기 때문이니라."

"所以者何오 須菩提야, 實無有法일새 發阿耨多羅三藐三菩提者니라."

왜 그렇게 되는 줄 아느냐? 부처님을 닮으려고 뜻을 세운 사람들은 이미 보통 사람이 아니다. 무엇인가 깨달음이 있었던 사람이다. 그들은 자신의 모든 생각이 착각이요 본래 없는 것임을 알았기에, 부처님을 닮는다거나 또는 부처님과 같은 존재가 되는 일이 가능하다고 생각했다. 그들이 자신이나 자기 생각이 꼭 있는 것으로 믿는 한, 부처님을 닮겠다는 마음을 낼 수 없었을 것이다.

"수보리여, 내가 연등부처님 처소에서 수도 생활을 할 때 아누다라삼막삼보리의 진리를 얻었는데, 진리를 얻은 표시가 있다 하겠는가?"

"須菩提야, 於意云何오 如來 於然燈佛所에 有法하야 得阿耨多羅三藐三菩提不아?"

내가 연등부처님 처소에서 수도하여 아누다라삼막삼보리를 얻었다는 것은 착각에서 벗어났다는 것이요, 어둠 속에서 밝음으로 나왔다는 뜻과도 같다. 밝음으로 나오니 보이지 않던 것이 보이고 답답하던 것이 시원해졌다.

수보리여, 그대는 어떻게 생각하는가? 내가 아누다라삼막삼보리를 얻었다고 하면 그 무엇인가 얻은 표시를 낸다고 생각하는가?

"아닙니다. 부처님이시여, 제가 부처님의 뜻을 헤아려 본다면 부처님께서 연등부처님 처소에서 아누다라삼막삼보리의 진리를 얻으실 때, 진리를 얻은 표시는 그 무엇도 없습니다."

부처님께서 말씀하셨다.

"그렇고 그러하다. 수보리여, 실로 부처님께서는 아누다라삼막삼보리의 진리를 얻은 어떠한 표시도 없었느니라."

"不也니다. 世尊하, 如我解佛所說義로는 佛이 於然燈佛所에 無有法하야 得阿耨多羅三藐三菩提니이다."

佛言하사되,

"如是如是니라. 須菩提야, 實無有法일새 如來 得阿耨多羅三藐三菩提니라."

그러하다. 내가 이미 이야기한 것처럼 아누다라삼막삼보리를 얻었다는 것은 착각의 세계에서 벗어나 제정신이 들었다는 뜻이요, 어두움에서 벗어나 밝은 세계로 들어왔다는 뜻이다. 제정신이 들었으니 '나'라는 존재가 무엇임을 알 것이요, 주위가 밝으니 세상의 이치를 알 것이다. 모든 괴로움과 한의 뿌리가 빠졌기에 마음은 한없이 즐겁고 평화로우며, 돌아와야 할 고향에 돌아온 것이다. 따라서 더 이상 욕심낼 일도 화낼 일도 자랑할 일도 없다. 아누다라삼막삼보리의 진리를 얻은 사람은 이처럼 분별심을 낼 어떤 것도 없기에 진리를 얻은 어떤 표시도 하지 않는다.

"수보리여, 만일 내가 아누다라삼막삼보리의 진리를 얻었을 때, 아누다라삼막삼보리를 얻었다는 표시를 내었다면 연등부처님께서 나에게 그대는 내세에 부처가 되어 그 이름을 석가모니라 할 것이라는 수기를 주시지 않았을 것이다. 그러나 나는 아누다라삼막삼보리의 진리를 얻었다는 어떤 표시도 내지 않았기에, 연등부처님께서는 그대는 내세에 부처가 되어 이름을 석가모니라 할 것이라고 말씀하셨던 것이다."

"須菩提야, 若有法하야 如來 得阿耨多羅三藐三菩提者ㄴ데는 然燈佛이 則不與我受記하사되 汝於來世에 當得作佛하면 號를 釋迦牟尼라 하리라 하라. 以實無有法일새 得阿耨多羅三藐三菩提니 是故로 然燈佛이 與我受記하시고 作是言하사되 汝於來世에 當得作佛하면 號를 釋迦牟尼라 하리라 하라."

수보리여, 정말 아누다라삼막삼보리의 진리를 얻은 사람이라면 아누다라삼막삼보리의 진리를 얻었다고 표시할 어떤 필요도 이유도 없다. 반대로 어떤 사람이 아누다라삼막삼보리의 진리를 얻었다는 표시를 한다면, 이 사람은 자신이 잘났다고 선전하는 것이며 아상이 있다는 증거이고 아직도 착각 속에서 사는 것이다. 따라서 아누다라삼막삼보리의 진리를 얻었다고 표시하는 사람은, 아상을 가지고 있는 한, 아무리 수도를 열심히 하여도 부처가 될 희망은 없다. 그러나 나는 아누다라삼막삼보리의 진리를 얻었다는 어떤 표시도 하지 않았고 또 표시할 어떤 이유도 없었기에, 연등부처님께서는 나를 아상이 소멸한 사람으로 확인하시고 수기를 주시며 내세에 석가모니라는 이름을 가진 부처가 될 것이라고 말씀하셨다.

"왜냐하면 부처님이란 우주의 뜻 그대로이기 때문이다."
"何以故오 如來者는 即諸法에 如義니라."

수보리여, 어두움에서 벗어나 밝음을 찾은 사람은 밝아지는 길을 다 알기에 다시는 어두운 연습을 하지 않을 것이다. 이런 사람은 밝음만 연습할 것이며 따라서 최종 종착지는 당연히 부처님 자리이다. 이러한 사람에게 부처가 되리라는 결정의 말씀을 하시는 것은, 어떤 사심에서 비롯한 결정이 아니고 당연한 일로, 우주의 질서를 따르는 행위이다. 부처님은 오직 우주의 뜻만을 나타낸다고 하였다.

"만일 어떤 사람이 부처님께서 아누다라삼막삼보리를 얻었다고 말한다면 수보리여, 부처님께서는 아누다라삼막삼보리를 얻었다는 티를 내지 않았기에 아누다라삼막삼보리를 얻었다고 할 것이다."
"若有人이 言如來 得阿耨多羅三藐三菩提라 하면 須菩提야, 實無有法일새 佛이 得阿耨多羅三藐三菩提니라."

수보리여, 참 아는 사람은 자신이 안다거나 깨쳤다고 말하지 않는다. 그럴 필요도 이유도 없다. 참 깨친 사람은 이처럼 티를 내지 않기에, 주위에서는 그가 깨친 사람인지 알지 못한다. 그대들이 정녕 깨친 사람을 찾으려면 이처럼 티를 내지 않는 사람을 찾아라. 이 사람이야말로 참 아누다라삼막삼보리의 진리를 얻은 사람이라 할 수 있다.

다음의 역사적 이야기에서 깨달은 척하지 않는 사람이야말로 참 깨친 사람임을 실감할 수 있습니다.

… 원효의 봄은 찬 겨울을 지난 후의 봄이었다. 파계승이 되고 거지가 되어 산간벽지를 배회하면서 그는 한없는 쓰라림을 맛보았다. 그는 강원도 어느 절간에서 밥 짓고 청소하고 빨래하는 머슴이 되었다. 3년간을 작정하고 일하며 자기를 죽여가고 있었다. 절간의 젊은 학승들은 불도를 배우기에 열심이었다. 그들이 아침저녁으로 옷깃을 여미고 읽는 글은 원효가 해석한 〈금강삼매경〉 주석이었다. 원효는 그들을 위해서 밥을 짓고 요강을 닦았다.

그 절의 주지는 별로 하는 일도 없이 밤낮 먹고 뒹구는 게으른 주지였다. 고작 하는 일이란 하루에 한 번씩 젊은 중들이 공부하러 들어간 틈을 타서, 부엌에 찾아와 누룽지를 얻어가는 것뿐이었다. 비가 오나 눈이 오나 끊임없이 누룽지를 얻어갔다.

원효는 이 절간에서 해 보고 싶은 일을 다 해 보았다. 그는 또다시 새 일터를 찾아서 떠난다. 절간에서 공부하는 모든 중이 원효가 떠나는 것을 아쉬워했다. 이렇게 충실한 머슴을 또다시 구할 수 있을 것 같지 않았다. 더욱이 눈시울이 뜨거워지도록 섭섭해 한 이는 누구보다도 주지 스님이었다. 그는 원효가 나가면 자기를 위해서 누룽지를 마련할 사람이 없을 것 같다고 안타까워하였다. 그에게는 누룽지 이외에는 아무것도 없는 것 같았다.

배웅 나온 젊은 중들을 뒤로하고 길을 떠나는데, 늙은 주지는 계속 따라와 결국 마을 밖의 언덕까지 따라오게 되었다. 날은 무더웠고 얼마 안 되는 뫼산자 보따리 때문에 원효의 등에는 땀방울이 맺혔다. 주지는 숨이 차서 원효더러 언덕 위에서 잠시 쉬어가자고 했다. 원효도 길가에 놓인 돌 위에 주저앉고, 주지도 나무

그늘에서 땀을 거두었다. 원효는 멀리 희미하게 보이는 절간을 뒤돌아보았다. 아무것도 배운 것이 없고 고생만 했지만, 그래도 무엇인지 마음에 끌리는 데가 있어 얼빠진 사람처럼 멀리 절간을 바라보고 있었다.

그때 돌연 하늘이 터지는 듯 무서운 목소리로 "원효!" 하고 자기를 찾는 사람이 있었다. 깜짝 놀라 정신을 가다듬고 자기 자신으로 돌아와서 사방을 둘러보았으나 주지 이외에는 아무도 없었다. 원효를 부른 것은 주지였다.

원효에게는 청천벽력이었다. 3년 동안 자기를 아는 이가 아무도 없는 줄 알았는데, 자기가 멸시한 이 주지가 자기가 누구인 줄 알고 있었다니…. 원효는 주지 앞에 무릎을 꿇고 엎드려 "당신은 누구십니까?" 하고 물었다. 주지는 얼굴에 미소를 띠며 대답했다. "원효, 숨으려면 귀신도 모르게 숨어야지 나 같은 것한테 들켜서야 어디 살 수 있겠소?" 그는 아무 말 없이 가 버렸다. 이 한마디에 원효의 목은 땅에 떨어지는 것 같았다.

〈삼국유사〉

원효 스님은 보통 사람의 눈에 띄지 않을 만큼 티를 내지 아니하였으나, 주지 스님의 눈에 띌 만큼의 아상이 남아 있었습니다. 귀신의 눈에도 띄지 않을 만큼 완전히 티가 없고 아상이 없어진 사람이 있다면 아마 그를 부처님이라 할 것입니다.

성경에도 티를 내지 않는 것이야말로 하나님의 뜻을 잘 받드는 것이라는 표현이 있습니다.

"너는 자선을 베풀 때에는, 오른손이 하는 일을 왼손이 모르게 하여"

〈마태복음 6장 3절〉

"수보리여, 부처님께서 얻으신 아누다라삼막삼보리는 실다움도 없고 헛됨도 없다."

"須菩提야, 如來所得 阿耨多羅三藐三菩提는 於是中이 無實無虛니라."

바람은 어떠한 특징이나 형상도 발견할 수 없지만, 물질이 움직이는 것을 보고 그 존재를 알게 되며, 광명 또한 정체를 알 수 없으나 물체가 보이는 정도에 따라 그 존재를 파악합니다. 부처님께서 깨치신 아누다라삼막삼보리도 바람이나 광명과 같이 모양이 없기에 무실이고, 그 작용은 분명 존재한다는 점에서 무허라 할 것입니다. 이처럼 '무실무허'라는 표현은 아누다라삼막삼보리의 특징을 나타내는 말이기도 하지만, 중생에게는 "부처님의 깨치신 법, 그 모양은 알 수 없으니(무실) 아무런 분별 내지 말고 오직 시봉하라. 그 가르침은 분명 헛되지 않아(무허) 그대를 밝음으로 인도하며 호념 부촉하시나니라."라는 교훈의 말씀이기도 합니다. 따라서 이 말씀은 다음과 같이 정리할 수 있습니다.

수보리여, 부처님이 얻으신 아누다라삼막삼보리는 작용은 나타나지만 그 정체는 알 수 없다. 아누다라삼막삼보리가 무엇인가 분별 내지 마라. 분별로써 알아질 대상이 아니니라. 그러나 아무것도 없는 것이 아니니 그대들을 밝음으로 인도하느니라.

"그러므로 부처님께서 말씀하신 모든 것은 다 불법이라 할 것이다."
"是故로 如來說 一切法이 皆是佛法이니라."

바람은 스스로 그 모습을 드러내지 아니하지만 물질의 이동을 통해서 작용을 알 수 있듯, 아누다라삼막삼보리 역시 스스로 그 정체를 드러내지 아니하지만 부처님의 언행이나 일거수일투족에서 그 위력이 나타납니다. 부처님의 일거수일투족에서 발산하는 광명은 심심 미묘하며, 모두 중생을 호념 부촉하는 불법이라 할 것입니다. 그래서 다음과 같이 말씀하실 수 있습니다.

부처님께서 깨치신 아누다라삼막삼보리는 바람과 같고 밝음과 같아 형상이 없지만 물체를 통해 그 존재가 드러나듯, 아누다라삼막삼보리의 밝음도 비록 정체가 드러나지 않아도 내가 말하는 모든 가르침을 통해서 그때그때 작용이 나타난다. 나의 모든 언행 그리고 가르침은 그대들을 밝게 해 주고 호념하고 부촉하는 불법이다.

마조 스님이 '평상심이 곧 도'라고 하신 것은 '부처님이 말씀하신 것은 모두 불법'이라는 말씀과 궤를 같이하는 것으로서, 마조 스님과 같은 도인의 평상심은 도가 되지만 보통 사람의 평상심은 도가 되지 않을 것임은 물론입니다.

"수보리여, 일체법이라고 이야기한 것은 일체법이 아닌 연고로 그 이름이 일체법이니라."

"須菩提야, 所言一切法者는 卽非一切法일새 是故로 名이 一切法이니라."

이름이 왜 필요하며 이름을 왜 지을까요? 이름에 의존하지 않고도 그에 관련된 일을 잘 안다면 이름이 필요 없고, 이름 지을 필요도 없습니다. 수학을 모르는 사람에게 수학을 알게 하기 위해 전문용어가 필요하며, 과학을 잘 모르는 사람에게 과학을 잘 알게 하려고 전문용어가 등장합니다. 이름과 사실이 동시에 존재하는 게 아니라, 사실이 먼저이고 그 사실을 모르는 사람들에게 전달하는 수단이 필요하니 그 후에 이름이 등장하는 것입니다. 사람 간에 서로 자연스럽게 의사가 이심전심으로 통하는 세상이라면 모든 이름은 필요 없을 것입니다.

잘 모르는 사람이 알기 위한 수단으로 이름이 등장하게 되었다고 한다면, 부처님은 모든 것을 다 아시기에 부처님의 마음에는 이름이 존재하지 아니합니다. 부처님께서는 사람들이 이름이 꼭 필요한 것으로 생각하여 이름에 집착하고, 이름에 집착하므로 사물을 파악하는 지혜가 더욱 어두워짐을 볼 때마다 분명 딱한 마음이 드셨을 것입니다. 그리고 사람들이 지혜가 밝아 세상을 잘 알고, 모든 이름이 필요하지 않도록 하고 싶으셨을 것입니다. 그래서 다음과 같이 정리하여 말씀하실 것입니다.

수보리여, 내가 지금 일체법이라 하지만 어디 일체법이라는 것이 실제로 있어서 일체법이라 하는 줄 아느냐? 그렇지 않다. 이는 그대들을 밝게 해 주기 위해서 잠시 빌려 쓴 이름에 불과하다. 실제로 존재하는 것이 아니고 그대들의 이해를 돕기 위하여 억지로 일체법이라 이름 붙인 것이다. 이름과 문자에 집착하지 마라.

문자를 떠나고不立文字 말씀을 떠나고敎外別傳 형식을 떠나 실질적으로 마음을 수련시켜直指人心 밝음으로 인도見性成佛하십니다.

"수보리여, 비유하면 사람의 키가 큰 것과 같다."
"須菩提야, 譬如人身이 長大니라."

세상을 다 아는 사람에게는 일체법이 실제로 존재하지 않지만, 모르는 사람에게는 일체법이라는 이름이 실감 납니다. 잘 따져보면 세상에는 키가 큰 사람은 사실 실제로 존재하지 않습니다. 키가 큰 사람은 자신이 키가 큰 줄 전혀 실감하지 못합니다. 혼자 있을 때는 물론, 여러 사람과 함께 있을 때도 누가 키가 크다고 해야 그때 비로소 내가 큰가? 생각할 뿐입니다. 따라서 실제로 '키가 크다'라는 것은 존재하지 않습니다. 그러나 사람들은 자신의 필요 또는 각종 분별심에 따라서 여러 이름을 만들어 냅니다. 이름을 지은 후 그 이름이 실제로 존재한다고 생각하며 집착하고, 집착하므로 더욱 어두워집니다. 부처님께서는 다음과 같이 말씀하실 것입니다.

잘 보아라. 실제로 키가 큰 사람이 존재하느냐? 실로 키 큰 사람은 존재하지 않는다. 키 큰 사람은 없지만, '키가 크다'라는 것이 실제로 존재한다고 생각하며 집착하는 것이다.

수보리가 말씀드리기를
"부처님이시여, 부처님께서 말씀하신 사람의 몸이 큼은 큰 몸이 아니며 그 이름이 큰 몸입니다."
"수보리여, 보살도 이와 같이 내가 헤아릴 수 없이 많은 중생을 멸도한다고 하면 이는 보살이라 할 수 없을 것이다. 왜냐하면 수보리여, 모든 분별심이 사라진 것을 보살이라 하기 때문이니라."
須菩提言하되,
"世尊하, 如來說 人身長大는 則爲非大身일새 是名大身이니이다."
"須菩提야, 菩薩도 亦如是하야 若作是言하되 我當滅度 無量衆生이라 하면 則不名菩薩이니 何以故오 須菩提야, 實無有法을 名爲菩薩이니라."

밝은 사람은 이름을 짓지 않을 뿐 아니라 없는 사실에 이름을 붙이고 집착하지도 않습니다. 뿐만 아니라 밝은이의 표현은 항상 실질적 가치요, 절대적 가치를 나타낼 뿐입니다. 예를 들어 봅니다. 밝은이가 저 사람이 배가 고프다고 표현했다면, 이는 배가 부른 사람과 비교한 상대적 표현이나 일시적 표현이 아니라 그 마음의 배가 고프다, 즉 궁하다는 뜻입니다. 이는 다른 사람과 비교하여 상대적으로 궁하다는 뜻이 아니라, 그 사람의 실질적 궁한 정도를 나타내는 형이상학적 표현입니다. 따라서 부처님께서 말씀하신 '키가 크다'는 실제로 키가 큰 것이고 그것은 육신의 큰 키가 아니요, 정신적이나 영적으로 큰 것이며 그 사람이 미치는 영향력이 실제로 크다는 것을 의미합니다.

보살은 모든 사물의 이치를 통달하여 아는 사람이요, 밝은 사람입니다. 그들은 행동도 진실할 뿐 아니라 말에도 허구가 없습니다. 보살은 중생이 만들어 낸 나니 무량이니 멸도니 중생이니 하는 단어는 상대적 표현이요, 실제는 존재하지 아니하며 말로만 존재하는 단어임을 잘 압니다. 이처럼 보살은 중생이 사용하는 단어인 나, 멸도, 무량, 중생 등이 무의미함을 알기에 집착하지 않습니다. 만일 집착한다면 참 보살이라 할 수 없을 것입니다.

수보리여, 만일 어떤 사람이 '나는 헤아릴 수 없이 많은 중생을 제도했노라.'라고 표현한다면, 이러한 말을 하는 것만으로 이 사람은 보살의 반열이 아니라는 것을 잘 알아야 한다. 수보리여, 참 보살은 세상 사람들이 사용하는 모든 단어는 말만 있을 뿐 실제로 존재하지 않음을 알아 집착하지 아니하며, 따라서 그러한 표현도 사용하지 않느니라.

"그러므로 부처님께서 말씀하신 모든 가르침은 다 아인중생수자가 없느니라."
"是故로 佛說 一切法이 無我 無人 無衆生 無壽者니라."

나와 너가 실제로 존재하는가? 중생이 보기에는 실제로 존재하는 것 같지만, 부처님이 보시기에는 중생이 지어낸 말만 있을 뿐 실제로 존재하지 않는다고 보십니다. 불경에 자주 나오는 토끼의 뿔, 거북의 털과 같이 실제로 존재하지 않는데 표현이 있는 것처럼, 나와 너도 실제로는 없는데 사람의 궁리로 이름을 만들고 집착을 하여 마치 있는 것처럼 착각하고 있다고 하십니다. 부처님과 같이 밝으신 분이 말씀하시는 모든 단어에는 허구요 상대적 개념은 하나도 없고, 실질이요 오직 진실뿐입니다. 부처님께서는 중생에게 알려서 지혜롭게 해 주고 싶으셨을 것입니다. 그래서 '부처님께서 하신 말씀은 모두 나니 너니 하는 허구가 없는 진실한 말씀뿐이노라.' 하십니다. 부처님께서는 중생을 말의 허구에서 벗어나 지혜롭고 밝게 해 주시기 위하여 다음과 같은 말씀을 하실 것입니다.

실제는 없는 '공부'라는 말 만들고 그 이름에 집착하며,
'성취 하겠다' 말만 하며 실제로 공부하지 아니하고,
'왜 아니 될까' 하면서도 실제로 공부하지 아니한다.
약간 공부가 진행되는 것처럼 보일 때,
다 된 것으로 오인해 쉽게 자만해 버린다.

이 모두 실질 아닌 허구의 삶,
허구를 연습하면 지혜는 점점 어두워지고,
인생은 점점 모르겠는데 어느덧 죽음은 다가온다.
이것을 되풀이하는 것이 윤회의 삶,
지혜는 성장하지 아니하고 나의 진면목은 모른다.

그러나 공부를 참 좋아하는 사람은,
'하겠다' 설치지 않고
'왜 아니 되느냐' 투정 부리지도 않는다.
공부라는 이름에 집착하지 않고 실제로 공부한다.
공부의 맛을 알게 되고 기쁨이 넘친다.
행복해진다.

사물의 윤곽이 점차 뚜렷이 드러나고 지혜로워져서,
즐거움 속에서 영적 성장 이룩한다.
이 큰일은 세상 사람들의 큰일과 다르다.
실제로 큰일이요, 참 지혜가 바탕이다.

부처님 사업은 실제로 큰일, 내 말을 굳게 믿고
부처님 전에 복 많이 짓기를 발원하여라.

"수보리여, 만일 보살이 내가 장엄불토 한다고 하면 이 사람은
보살이라 할 수 없다."
"須菩提야, 若菩薩이 作是言하되 我當莊嚴佛土라하면 是不名菩薩
이니"

중생은 사물을 대할 때 어쩔 수 없이 선입견이라는 아상을 가집
니다. 선입견이 없을수록 지혜롭고, 엷을수록 편안합니다. 그러나
애욕 또는 성냄과 같은 병적 현상 때문에 어쩔 수 없이 선입견이 생

겨냅니다. 사물을 대할 때 어쩔 수 없이 생기는 선입견 때문에 현실에 없는 고정관념이 생깁니다. 고정관념이 만들어지면 자신도 모르게 거기에 집착합니다. 실제로 존재하지 않는데 존재하는 것처럼 여기는 고정관념이 있는 한, 사물의 정체를 제대로 파악하기 쉽지 않습니다.

종이나 종소리와 같이 우리와 이해관계가 적은 자연현상의 경우에는 비교적 선입견의 정도가 덜하지만, 삼국지의 등장인물인 유비나 관우와 같이 호불호好不好가 있는 사람의 이야기를 들을 때에 선입견으로 인한 고정관념이 더욱 형성되기 쉽습니다. 더 나아가 불교나 기독교와 같이 자신이 속해 있는 집단의 이름을 듣는 순간에 형성되는 선입견은 매우 강하며, 이로부터 형성되는 고정관념은 그 정체를 파악하기 매우 어렵게 합니다. 중생이 선입견으로 듣는 종소리나 중생이 선입견으로 생각하는 유비나 관우, 불교, 기독교 등이 생각과 실제가 매우 다른 것처럼, 중생이 생각하는 장엄이나 불토는 실제와는 매우 다릅니다. 보살과 같이 깨달은 사람은 실제와 같지 않은 이름에 집착할 일이 없습니다.

수보리여, 만일 어떤 사람이 부처님 국토를 장엄했다고 하면, 이는 이름에 집착한 것이며 이 사람은 지혜가 없는 사람이므로 보살이라 할 수 없느니라.

"왜냐하면 부처님께서 말씀하신 장엄불토란, 보통 사람들이 생각하는 장엄이 아니요, 그 이름이 장엄이라 할 것이다."

"何以故오 如來說 莊嚴佛土者는 卽非莊嚴일새 是名莊嚴이니라."

몹시 가물었을 때 비가 오기를 기원하면서 "비여, 어서 오십시오. 비여, 어서 오십시오." 하며 빈다고 농부의 뜻대로 비가 내리는 것은 아닙니다. 왜 그럴까요? '비야, 오너라.'라는 관념에 집착하고 현실이나 실질을 연습하지 않았기 때문이요, 생각과 현실이 동일하지 않기 때문입니다. 관념과 현실의 장벽을 만드는 것은 곧 아상이며, 이 관념이라는 아상이 사라질 때 관념은 현실이 될 수 있습니다. 만일 사람들이 그 관념이라는 아상을 수도하여 소멸한다면, 관념과 실질이 다르지 않고 생각과 현실이 다르지 않게 됩니다. 언어가 관념이 아닌 실질이요, 생각이 공상이 아닌 현실이 됩니다. 이러한 사람은 마치 절대능력자와도 같이 "비여, 오시오." 하고 말하면 말이 곧 현실로 나타날 수 있습니다. 잘 믿어지지 않는 이런 이야기의 이해를 돕기 위한 재미있는 사례가 있습니다.

중국 당나라 중기, 조주에는 태전 선사라는 고승이 축령봉에서 수년간 수도에만 전념하여 생불로 추앙받고 있었다. 어느 여름 장마가 지루하게 오랫동안 계속되는데 집도 절도 길도 다 물바다여서 길이 몹시 미끄러웠다. 태전 선사가 정定에 들었다가 잠시 외출하는데 길이 미끄러워 그만 넘어졌다. 태전 선사의 입에서는 저절로, "웬 비가 이렇게 오래도록 오나."라는 불평이 잠깐 터져 나왔다. 그리고는 그만 무심해졌다. 그런데 어쩐 일인가! 태전 선사가 이 한마디 불평한 이후로 장마는 바로 그치고 뙤약볕이 3개월이나 지속하였다. 모든 곡물이 말라 죽고 지하수가 고갈되었다. 당시 조주에는 하늘이 태전 선사의 심기를 불편하게 하여 이런 벌을 받는다는 소문이 돌았다.

당시 조주 자사였던 한퇴지(당송팔대가 중 한 사람, 768-824)는 이 말을 듣고 정말인가 의심하였다. 불교를 심히 배척하는 극단적인 배불 사상가인 한퇴지는 미인계를 써서 태전 선사의 도력을 시험하고 싶었다. 한퇴지는 조주에서 으뜸가는 미인인 기생 홍련을 불렀다. 자사는 홍련에게 "지금 비가 오지 않아 나라가 온통 걱정이다. 이 모두 태전 선사 때문이라니, 네가 10일 이내로 태전 선사를 파계시킬 수 있겠느냐? 만일 스님을 파계시키고 비가 오게 하면 네게 후한 상을 내리겠으나, 만일 그렇지 못하면 엄한 벌을 줄 것이다. 어떻게 생각하느냐?" 하였고, 홍련은 자기의 미모에 자신이 있었으므로 자신 있게 승낙하였다. 다음 날 스님이 계시는 암자로 찾아가 "오래전부터 고명하신 스님의 덕을 흠모하였습니다. 이제 스님의 시중을 들며 백일기도를 하고자 하오니 허락하여 주시옵소서." 하였다.

선사의 승낙을 받은 홍련은 암자에 머물며 스님의 시중을 들면서 기회를 엿보고 있었다. 그러나 한 달이 지나도록 선사는 거들떠보지도 않았다. 마음이 다급해진 홍련은 온갖 교태를 부리며 선사를 유혹하려 하였으나 선사의 태도는 추호의 흔들림도 없어 보였다. 만일 선사를 파계시키지 못하면 엄한 벌을 받는다고 생각하니 온몸이 오싹해졌다. 드디어 홍련은 태전 선사에게 가뭄 때문에 찾아왔다고 이야기하고 자신의 목숨을 구해 달라고 사정하였다. 태전 선사는 그제야 가뭄이 자신의 불평 때문인 것을 발견하고, 울고 있는 홍련에게 "가뭄도 그대의 목숨도 걱정하지 말라. 내가 한 대감에게 벌을 받지 않도록 해 줄 것이다." 하고 홍련의 치맛자락에다 다음과 같이 써 주었다.

> 축령봉 내려가지 않기를 십 년
> 색을 보고 공을 보니 색이 곧 공인데
> 어찌 조계의 물 한 방울을
> 홍련 잎사귀에 떨어뜨릴 것인가.
> 십년불하축령봉 十年不下祝靈峰
> 관색관공즉색공 觀色觀空卽色空
> 여하조계일적수 如何曹溪一滴水
> 긍타홍련일엽중 肯墮紅蓮一葉中

놀랍게도 이내 곧, 하염없이 비가 내려 홍련의 생명도 구하고 가뭄도 해갈되었다.

중생의 말은 궁리요 관념일 뿐인 데 비하여, 밝은이의 말은 실질이요 위력이기 때문입니다. 밝은이는 함부로 생각하고 함부로 말하지 않지만, 그들이 말하거나 생각하는 순간 그 위력은 바로 현실이 되어 나타납니다. '가물어라' 하면 가물고 '비가 오너라' 하면 비가 옵니다. 우리가 말하는 장엄불토는 이름만 있는 것이요 실제는 없는 것이지만, 부처님과 같은 밝은 분이 장엄불토라고 말한다면 이는 중생이 이야기하는 장엄이나 불토와는 달리 절대적 가치를 나타냅니다. 그래서 그 뜻을 밝히고자 부처님께서는 다음과 같이 말씀하십니다.

"부처님이 말씀하시는 장엄불토는 중생이 말하는 장엄불토와는 다르다. 중생이 말하는 장엄불토는 현실이 아니며 상대적 가치일 뿐이지만, 부처님이 말씀하시는 장엄불토는 실질적이요 절대적 가치다. 절대적 가치는 형상이 아니므로 이름을 붙일 수 없다. 억지로 장엄불토라 한 것이다."

부처님께서는 "관념에 빠지지 마라. 관념이라는 아상이 소멸할 때 그것이 곧 실질적 가치가 있는 현실이 되리라."라고 말씀하실 것입니다. 그리스도교에서도 다음 비유와 같이 아상이 죽어야 실질적인 현실이 되는 것을 강조합니다.

내가 진실로 진실로 너희에게 이르노니 한 알의 밀이 땅에 떨어져 죽지 아니하면 한 알 그대로 있고, 죽으면 많은 열매를 맺느니라. 자기의 생명을 사랑하는 자는 잃어버릴 것이요 이 세상에서 자기의 생명을 미워하는 자는 영생하도록 보전하리라.

〈요한복음 12장 24~25절〉

이 세상에서의 자기 목숨을 미워한다는 말은 곧 아상이 소멸한다는 뜻과 같다 할 것이요, 영생토록 그 목숨을 보존한다는 것은 절대적 가치를 얻는다는 뜻이 될 것입니다. '아상을 없애라, 그러면 영생을 얻으리라.' 하는 점에서 불교나 그리스도교나 그 근본정신이 동일합니다.

　"수보리여, 만일 보살이 내가 없는 진리를 통달하였다면 부처님
께서는 이 사람을 참 보살이라 할 것이다."
　"須菩提야, 若菩薩이 通達無我法者ㄴ데는 如來說 名眞是菩薩이니라."

　"수보리여, 만일 모든 행위에 나라는 것이 없음을 깨치는 사람이
있다면 그를 참 보살이라 할 것이다."와 같은 표현은 학자가 보살의
정의를 내릴 때 사용하는 표현입니다. 그러나 부처님께서는 이와 같
은 소극적 표현은 아니 하실 것이요, 중생을 밝게 해 주시는 적극적
표현을 사용하실 것입니다. 따라서 위의 글은 다음과 같이 해석하여
야 할 것입니다.

　중생들이여, 보살의 길을 따르라. 보살이란 내가 없는 사람을 말
한다. 어떻게 하면 내가 없어질까? 선지식을 찾아 그 지시를 듣고
'나는 무엇인가'를 탐구하는 일이다. 나를 탐구하는 일은 혼자서 하
기 어렵다. 반드시 선지식을 찾아야 하느니라. 선지식을 통해서 나
란 이름뿐이요 본래 없다는 것을 깨칠 수 있으니, 이때가 참 보살로
태어나는 때이니라. 그러나 선지식을 찾을 수 없을 때, 부처님의 가
르침을 절대로 알고 아상을 모두 부처님께 바치는 연습을 하여야 한
다. 아상을 부처님께 바치는 연습이 익숙해지면, 나란 이름뿐이고
본래 없는 것임을 실감할 것이다. 훌륭하다. 이 사람이 바로 참 보살
이다.

—

18

모든 사람을 부처님으로 보라

一體同觀分

　부처님께서는 "일체 상대적 가치를 추구하지 않고 오직 절대적 가치만을 추구하는 사람이야말로 참 보살이다."라고 말씀하셨습니다. 그러나 중생은 오직 상대적 가치만을 추구합니다. 중생이 추구하는 부귀영화, 육신의 건강 그리고 마음의 평온까지도 다 상대적 가치일 뿐입니다. 그들은 너무나 상대적 가치에만 익숙해져 있기에 아는 것, 보이는 것, 들리는 것이 모두 상대적 가치뿐입니다. 그들은 절대적 가치가 무엇인지도 모르기에 추구하지도 못합니다.

　부처님께서는 중생이 이처럼 상대적 가치에 치우치는 것을 딱하게 여기셨습니다. 상대적 가치만을 추구한 결과는 어두움이고 재앙이며, 파괴만이 있을 뿐이기 때문입니다. 그래서 중생에게 절대적 가치를 추구하게 하여 참된 행복과 지혜를 얻게 해 주시고 싶으셨을 것입니다. 중생의 법식이 상대적 가치만을 추구한다면 부처님의 법식은 절대적 가치를 추구합니다. 금강경의 모든 내용은 중생이 부처님의 법식을 배우고 닮게 하여, 오래도록 상대적 가치에 익숙해진 중생의 법식을 떨쳐버리게 하는 데 그 목적이 있습니다.

"수보리여, 어떻게 생각하느냐? 부처님은 눈이 있느냐?"
"그렇습니다. 부처님이시여, 부처님께서는 눈이 있으십니다."
"須菩提야, 於意云何오 如來 有肉眼不아?"
"如是니다. 世尊하, 如來 有肉眼이시니이다."

"수보리여, 어떻게 생각하느냐? 부처님은 눈이 있느냐?"라고 물으신 것 역시 중생의 상대적 사고방식을 부처님과 같은 절대적 사고방식으로 바꾸는 데 그 목적이 있습니다. 우리가 생각하는 눈은 늙으면 허약해지는 눈입니다. 병이 생기면 흐려지고 날카로운 칼에 상처를 입으면 실명할 수도 있는 눈을 말합니다. 우리는 이와 같은 상대적인 눈만 생각하므로, 부처님께서는 이러한 사고방식을 깨뜨려 주시기 위하여 부처님은 육신의 눈이 있느냐고 말씀을 시작하셨습니다. 부처님께서는 육신의 눈을 말씀하시지만, 그 눈은 중생이 생각하는 상대적 눈이 아님을 알려주시고 싶으셨던 것입니다.

부처님이 말씀하시는 눈은 밝음의 정도를 나타내는 눈이며, 집착의 정도를 나타내는 눈이며, 약화되지 않는 시력을 갖춘 눈입니다. "반야바라밀을 수행하여 처음으로 미迷한 마음을 없애는 것을 이름하여 육안이라 한다念念修行 般若波羅蜜法 初除迷心 名爲肉眼."라는 혜능 대사의 말씀에도 나옵니다.

어떻게 우리는 참 시력, 변함없이 밝은 시력일 수 있나요?

시력을 갖추고 사물을 판별하는 중요한 원동력은 남을 해롭지 않게 하는 용심에서 비롯합니다. 만일 우리 마음이 미迷해져서 악심이 발동하면 눈에 병이 생기고 때에 따라서 시력을 잃을 수도 있습니다. 그러나 우리 마음에 미함이 없고 남을 추호도 해롭게 하는 마음이 없다면, 우리의 시력 또한 변함없을 것입니다. 변함없는 시력이란 좋은 약을 먹거나 수술을 받아서 되는 것이 아니라, 마음의 상태가 미하지 않고 밝은 것을 의미합니다.

마음의 상태가 미함에서 벗어난 눈은 수시로 시력이 변하는 보통 사람의 눈과는 다른 눈입니다. 부처님의 눈이 그러한 눈입니다. 상대적 개념에 익숙한 중생은 그 상상력이 부처님 눈에까지 미칠 수 없습니다. 부처님께서는 당신의 눈을 예로 들어 부처님의 육안, 변함없는 시력이 무엇인 줄 모르는 우리를 한 걸음씩 부처님 세계, 절대의 세계로 접근하게 하십니다. 이 구절을 읽을 때 우리는 부처님 세계로 한 걸음 더 나아간다고 하겠습니다.

"수보리여, 어떻게 생각하는가? 부처님은 천안이 있는가?"
"그렇습니다. 부처님이시여, 부처님께서는 천안이 있으십니다."
"수보리여, 어떻게 생각하는가? 부처님은 혜안이 있는가?"
"그렇습니다. 부처님이시여, 부처님께서는 혜안이 있으십니다."
"수보리여, 어떻게 생각하는가? 부처님은 법안이 있는가?"
"그렇습니다. 부처님이시여, 부처님께서는 법안이 있으십니다."
"수보리여, 어떻게 생각하는가? 부처님은 불안이 있는가?"

"그렇습니다. 부처님이시여, 부처님께서는 불안이 있으십니다."

"須菩提야, 於意云何오 如來 有天眼不아?"

"如是니다. 世尊하, 如來 有天眼이시니이다."

"須菩提야, 於意云何오 如來 有慧眼不아?"

"如是니다. 世尊하, 如來 有慧眼이시니이다."

"須菩提야, 於意云何오 如來 有法眼不아?"

"如是니다. 世尊하, 如來 有法眼이시니이다."

"須菩提야, 於意云何오 如來 有佛眼不아?"

"如是니다. 世尊하, 如來 有佛眼이시니이다."

사람들은 천안이란 산 너머 무엇이 있는가를 볼 수 있는 마음의 눈, 혜안은 사물의 도리를 판단하는 밝은 눈, 법안은 진리를 아는 눈, 불안은 우주 이면의 도리까지 다 아는 눈이라고 이해합니다. 그리고 약간의 수도를 하여 산 너머 무엇이 있는가 보기도 하고 미래를 알기도 하고 진리를 깨친 것 같은 체험을 이야기합니다. 자신의 경험으로 '저 사람은 천안을 얻었네, 혜안을 얻고 법안을 얻었네, 저이는 깨달은 사람이네'라고 판단하기도 합니다. 대부분 사람이 이야기하는 체험이나 아는 것은 지극히 제한적이며 상대적일 뿐이요, 천안 또한 참 천안이 아니며 기력이 쇠할 때 없어지는 상대적 가치일 뿐입니다.

그러나 부처님께서 말씀하시는 천안 혜안 법안 불안은 아상을 소멸하여 나타나는 절대적 가치를 의미합니다. 영원하며 변함이 없습니다. 즉, 천안이란 단순히 산 너머 무엇이 있는가를 보는 작용만을 의미하는 것이 아니라 아상이 소멸한 정도를 나타내며, 혜안 법안 불안 또한 겉으로 보이는 능력이 아니라 아상이 소멸하여 부처님이 함께 계시는 정도를 나타냅니다. 따라서 오안五眼의 참 가치란 밝음의 정도, 집착이나 해탈의 정도를 나타내는 것입니다.

혜능 대사는 〈금강경 오가해〉에서 다음과 같이 말씀하셨습니다.

"일체중생이 다 불성이 있음을 보아 연민의 마음을 일으키는 것이 천안이며, 어리석은 마음을 내지 않는 것이 혜안이며, 법에 착著하지 않는 마음을 내는 것이 법안이며, 혹惑이 다해서 원명圓明해 두루 비치는 것을 불안이라 한다."

이와 같은 마음 상태나 인격적 정도가 동반되지 않으면, 소위 육안을 비롯한 천안 혜안 법안 불안의 능력은 모두 상대적 가치일 뿐 참 가치가 아니라는 뜻입니다.

"수보리여, 어떻게 생각하느냐. 항하에 있는 모래를 부처님이 모래라 말씀하셨느냐?"

"그렇습니다. 부처님이시여, 부처님께서는 모래라고 말씀하셨습니다."

"수보리여, 어떻게 생각하느냐? 한 항하의 모래 수와 같이 많은 항하가 있고, 이 많은 항하에 있는 모래 수와 같은 부처님 세계가 있다면 이런 부처님 세계는 얼마나 많을까?"

"매우 많겠습니다. 부처님."

"須菩提야, 於意云何오 如恒河中所有沙를 佛說 是沙不아?"

"如是니다. 世尊하, 如來說 是沙니다."

"須菩提야, 於意云何오 如一恒河中所有沙有如是等恒河 是諸恒河 所有沙數佛_世界如是가 寧爲多不아?"

"甚多니다. 世尊하,"

혜능 대사의 해석에 의하면, 부처님께서는 오안을 중생이 생각하는 것처럼 화려한 초능력의 세계로 생각지 않으시고, 아상이 소멸한 정도나 부처님이 함께 계시는 정도 또는 참나가 드러난 정도로 생각하신 것 같습니다. 그중에 불안佛眼은 최고의 마음 상태, 즉 모든 업장이 다 소멸하고 모든 것을 다 아는 최고의 밝음을 나타냅니다.

어째서 부처님께서는 모든 일을 다 아실까? 그 이유를 다음과 같이 설명하십니다.

부처님께서 수보리 존자에게 말씀하시기를
"그렇게 많은 세계에 있는 중생의 갖가지 마음을 부처님은 다 아신다. 왜냐하면, 내가 이야기하는 모든 마음은 마음이 아니고 이름이 마음이기 때문이다."

佛告 須菩提하사되
"爾所國土中 所有衆生의 若干種心을 如來悉知하시나니 何以故오 如來說諸心이 皆爲非心일새 是名爲心이니라."

부처님께서는 모든 중생의 마음을 다 아신다고 말씀하셨고 그 이유를 "여래설 제심 개위비심 시명위심"이라 하셨습니다. 이것을 모든 마음은 마음이 아니고 이름이 마음일 뿐으로 해석한다면 '부처님께서 아신다.' 하는 이유를 알기 어렵습니다. 우리는 이 세상에 일어나는 가지가지 일들의 배경을 알지 못합니다. 그러나 전혀 알 수 없는 일도 어느 때 다소 알아지고 깨쳐지는 때가 있기는 합니다.

몰랐던 일이 어느 때 알아질까요?

전혀 알 수 없는 다른 사람의 마음이나 도저히 모르는 일이 알아지는 때는, 대개 자신의 들뜬 감정이 사라졌을 때나 자신이 꼭 옳다고 생각하는 것이 허물어질 때입니다. 자신의 주장을 내세우는 한 다른 사람의 마음을 알 수 없습니다. 자신의 사고방식이나 사고의 틀이 꼭 옳다고 믿는 한 진리의 발견이나 학문의 발전은 있을 수 없습니다. 다른 표현으로 사람의 마음이나 또는 세상의 갖가지 일을 잘 알기 위해서는 자신의 주견主見, 선입견 또는 고정관념을 빨리 없애야 합니다. 부처님께서 '그대의 생각이 다 잘못인 줄 안다면 곧 여래를 보느니라.'라고 하신 말씀이나, 선가禪家에서 '깨져야 깨친다.' 하는 말씀은 자신의 선입견이나 자신의 논리가 허물어져야 세상일을 다 안다는 뜻입니다.

아상이 소멸해야 지혜가 생깁니다. 아상이 소멸하면 바로 그 자리에 부처님의 광명이 임합니다. 부처님의 광명은 아무 형상이 없으나 위력이 있기에 '무실무허'라 했습니다. 그 위력은 곧 지혜와 능력으로 나타납니다. 많은 수도인들이 아상을 소멸하여 천안을 얻고 혜안을 얻고 법안을 얻습니다. 천안 혜안 법안이란 바로 지혜요 능력입니다.

"그 까닭은 무엇이냐. 과거의 마음도 찾을 수 없고, 현재의 마음도 찾을 수 없고, 미래의 마음도 찾을 수 없기 때문이다."

"所以者何오 須菩提야, 過去心不可得이며 現在心不可得이며 未來心不可得이니라."

이제 제심諸心이 비심非心인 이유를 설명하십니다. 왜 그대의 생각이 허망하며, 왜 당연히 부처님께 바쳐야만 하는지, 그 이유로 "과거심불가득 현재심불가득 미래심불가득"을 말씀하십니다. 이해할 수 있게 해석해 봅니다.

과거를 생각지 마라. 그리고 괴로워하지 마라. 과거는 지나간 것으로 이미 찾을 수 없는 것, 미래는 아직 오지 아니한 것으로 현재에 없는 것이다. 현재의 마음 또한 순간순간 머무르지 않는다. 이처럼 덧없는 과거 그리고 존재하지 않는 미래를 생각하는 것, 이 모두 가공적인 생각이나 상대적 가치를 연습하는 마음이다. 그런 마음을 계속하는 것은 허무나 죽음을 연습하는 것과 같아 그들의 미래는 반드시 어둡고 불행하리라. 반면 과거에 마음을 두지 않고 미래 또한 생각지 않고 현재현재에 올라오는 생각을 부처님께 바치는 연습을 하는 것은, 실질적 가치나 절대적 가치를 창조하는 것이며 이는 부처님 뜻을 받들며 사는 것과 다름없다. 따라서 그들의 미래는 완전하며 길이 행복하리라.

그리스도교의 가르침에도 이와 비슷한 말씀이 있습니다.

그러므로 염려하여 이르기를 무엇을 먹을까 무엇을 마실까 무

엇을 입을까 하지 말라. 이는 다 이방인들이 구하는 것이라. 너희
하늘 아버지께서 이 모든 것이 너희에게 있어야 할 줄을 아시느
니라.

그런즉 너희는 먼저 그의 나라와 그의 의를 구하라. 그리하면
이 모든 것을 너희에게 더하시리라. 그러므로 내일 일을 위하여
염려하지 말라. 내일 일은 내일이 염려할 것이요 한 날의 괴로움
은 그날로 족하니라.

〈마태복음 6장 31~34절〉

이 걱정하지 말라는 말씀은 모든 걱정을 부처님께 바치라는 말씀
이요, 모든 것을 곁들여 받게 될 것이라는 말씀은 부처님께 걱정을
바칠 때 걱정을 받아주시고 실질적 가치를 주신다는 말씀과도 같습
니다.

19

법계는 두루 통해 있다

法界通化分

"수보리여, 어떻게 생각하는가? 만일 어떤 사람이 삼천대천세계의 넓은 땅에 가득 채운 칠보를 모두 사용하여 보시하면, 이 인연으로 얻어지는 복이 많다 하겠는가?"

"그렇습니다. 부처님이시여, 이 사람은 이 인연으로 얻는 복이 매우 많겠습니다."

"수보리여, 그 복이 형상이 있다면 아무리 많아도 부처님께서는 복이 많다고 하지 않느니라."

"須菩提야, 於意云何오 若有人이 滿三千大千世界七寶로 以用布施하면 是人이 以是因緣으로 得福이 多不아?"

"如是니다. 世尊하, 此人은 以是因緣으로 得福이 甚多니다."

"須菩提야, 若福德이 有實인데는 如來 不說得福德多니"

복을 많이 지어도 '내가 복을 지었다.'라는 생각을 가지는 한, 아상과 함께하는 것이며 부처님이 계시지 않으므로 그 복이 많다고 할 수 없습니다.

"형상이 없는 복이야말로 복이 많은 것이라고 한다."
"以福德이 無故로 如來說 得福德多니라."

복을 지으며 '내가 복을 지었다.'라는 생각을 자신이 가지지 않고 부처님께 드렸다면, 그 사람은 복을 많이 지은 것이라는 의미입니다. 복을 지었다는 생각을 부처님께 바치면 아상이 소멸됩니다. 아상이 소멸되는 순간 부처님 광명이 임하며 절대적 가치, 영적 가치가 창조됩니다. 절대적 가치나 영적 가치야말로 영원한 복이요 진정한 복입니다. 이 사람은 늘 부처님이 함께하시는 영광을 얻을 것입니다.

20
일체의 색과 상을 떠나라

離色離相分

부모님의 꾸중은 단순히 자신의 잘못된 모습을 한번 되돌아보게 하지만, 도인의 꾸중은 자신의 무시겁 업보와 업장을 녹인다고 합니다. 부모님의 꾸중에서 얻는 교훈이 상대적 가치라면 도인의 꾸중에서 얻는 것은 절대적 가치입니다.

우리가 말하거나 생각하는 '구족색신具足色身'은 상대적인 가치인데 부처님께서 말씀하시는 '구족색신'은 절대적 가치입니다. 부처님의 말씀은 중생이 여하한 경우에도 일시적 가치를 지향하지 않고 절대적 가치를 얻게 하는 데 그 목적이 있습니다. 절대적 가치란 영원성이 있는 가치를 말합니다. 물질적 육체적 가치가 아닌 정신적 영적 가치이며, 내생에만 받을 가치가 아니라 금생에도 받을 가치입니다.

이 구절 역시 학자가 진리를 객관적으로 설명하듯 해석하여서는 안 될 것입니다. 중생에게 신심, 즉 절대적 가치를 불어 넣어서 새로운 사람으로 태어나도록 하는 해석이어야 합니다.

부처님을 기쁘게 해 드리는 해석은 어떤 해석일까요?

"수보리여, 어떻게 생각하는가? 부처님을 완전하게 잘생긴 사람이라 볼 수 있겠는가?"

"아닙니다. 부처님이시여, 부처님을 완전하게 잘생긴 사람이라 볼 수 없습니다. 왜냐하면, 부처님께서 말씀하신 잘생겼다는 것은 우리가 생각하는 것과 같은 잘생김이 아니기 때문입니다. 억지로 이름하여 잘생긴 모습이라 할 것입니다."

"수보리여, 어떻게 생각하는가? 부처님을 모든 덕상이 구족한 분으로 보겠느냐?"

"아닙니다. 부처님이시여, 왜냐하면 부처님께서 말씀하신 모든 덕의 상이 구족했다는 것은 우리가 생각하는 덕상이 구족했다는 것과 다르기 때문입니다. 억지로 이름 지어 덕상이 구족했다 할 것이기 때문입니다."

"須菩提야, 於意云何오 佛을 可以具足色身으로 見不아?"

"不也니다. 世尊하, 如來를 不應以具足色身으로 見이니 何以故오 如來說 具足色身은 卽非具足色身일새 是名具足色身이니이다."

"須菩提야, 於意云何오 如來를 可以具足諸相으로 見不아?"

"不也니다. 世尊하, 如來를 不應以具足諸相으로 見이니 何以故오 如來說 諸相具足은 卽非具足일새 是名諸相具足이니이다."

천하의 명산 금강산을 한 번 보기만 하여도 악도에 떨어지지 않는다는 말이 있습니다. 무슨 근거로 이런 말이 생겼을까요? 어느 시인이 "금강에 살으리랏다. 금강에 살으리랏다. 운무와 더불어 금강에 살으리랏다. 세상에 섞은 영리야 아는 체나 하리요."라고 읊은 것처럼, 평범한 산을 보는 데만 익숙한 사람들이 보통 산에서 도저히 발견할 수 없는 거대한 석벽, 기암괴석, 다양한 모양의 폭포 등의 절경을 대할 때 그 수려함과 웅장함, 다양함에 감탄하여 세상의 영화에서 마음이 떠나고 모든 악심에서도 순간적으로 벗어날 수 있겠지요. 이것으로 금강산을 보면 악도惡道에 떨어지지 않는다는 설명이 이해됩니다. 산삼은 모양이 다르게 생겨서 전문가가 아닌 보통 사람도 쉽게 식별할 수 있다고 합니다. 부처님의 구족하신 잘생긴 모습 역시 거룩함, 고요함, 자비로움에 처음 뵙는 사람들도 환희심 내기에 충분한 모습이요, 그 환희심은 금강산의 대자연에서 오는 환희심보다 훨씬 차원 높은 역동적 환희심일 것입니다.

그러나 금강산에서 느끼는 환희심이나 훌륭한 모습을 구족하신 부처님께 느끼는 환희심이나 모두 마음 밖의 가치요 상대적 가치일 뿐입니다. 오래 가지 않아 그 감동과 흥분은 사라지고 탐진치가 가득한 본래 자신의 마음으로 되돌아갈 것이 분명합니다. 우리 눈으로 대하고 마음으로 느낄 수 있는 것은 인물, 자연 그 무엇이든, 또 외부의 존재이든 자신 마음의 분별이든, 진선미가 다 구족하게 느껴진다고 해도 이것은 우리가 생각한 구족색신이요 구족제상입니다. 이는 다 순간적 가치요 상대적 가치일 뿐입니다.

그러나 부처님께서 말씀하시는 구족색신과 구족제상은 우리 눈으로 보고 마음으로 느끼는 가치와는 다른 절대적 가치입니다. 탐욕과 성냄 그리고 오만의 뿌리를 다 뽑은 상락아정의 가치요, 영원성이 있는 영적 가치입니다.

진선미성인眞善美聖仁
인간이 생각하는 최고의 가치이나
실로는 허구의 작품, 다 상대적 가치
무상하여 믿을 수 없네.

근심 걱정 우울한 짐 다 내려놓고
평화롭고 즐거우며 영원성 있는 이 맛을 보아라.
아상의 귀신 몰아내고 부처님과 함께하라.

이 밝은 빛이 보이느냐.
받을 준비를 하고 있느냐?
지금은 그대 생애의 최고의 시간
다시 그런 기회가 없으니
卽時現今 更無時節

이 자리에서 주인공이 되어
영원한 행복 누리어라.
隨處作主 立處皆眞

부처님께서 이와 같이 사자후하시는 것입니다.

지혜로우신 문수보살의 게송으로 이 내용을 정리합니다.

　물건의 성품을 보는 힘으로
　부처님을 뵈려 하는 것은
　삼이 선 눈으로 잘못 보는 것
　이것은 참된 법을 못 보는 까닭

　부처님의 몸매와 잘생긴 모양
　세상 사람들은 볼 수 없는 일
　억천만겁에 생각하여도
　묘하신 위신력 그지없어라.

　모양과 몸매는 부처 아니니
　모양을 여의고 고요하건만
　온갖 모양을 모두 갖추어
　원하는 대로 나타나시다.

　살로 된 몸은 부처 아니니
　겉모양 떠나서 참 모양 본다면
　자재한 힘 얻어 보게 될꺼나
　말로나 생각으로 할 수 없는 일

　주위의 환경 분명히 알고

허망한 생각 나지 않으면

그의 즐거움 한량이 없어

중생도 세계도 걸림이 없다.

〈화엄경〉

21
부처님께서 하신 말씀은
당신의 말씀이 아니다

非說所說分

부처님께서 수보리 존자에게 말씀하셨다.

"수보리여, 내가 설한 진리가 있다고 하지 말아라. 절대적 가치이신 부처님께 아무 분별심 내지 마라. 절대적 가치이신 부처님께서 상대적 가치인 진리를 설한다느니 중생을 제도하느니 하는 것은 다 부처님을 비방하는 것이다."

"수보리여, 설법이란 무엇이냐? 별도로 설할 법이 없는 것, 이를 설법이라 한다."

"須菩提야, 汝勿謂하라. 如來 作是念하되 我當有所說法하라. 莫作是念하라. 何以故오 若人이 言如來 有所說法이라 하면 卽爲謗佛이며 不能解我所說故니라."

"須菩提야, 說法者는 無法可說이 是名說法이니라."

진리를 설하는 사람이라면 별도의 자기주장이 없어야 합니다. 자기 생각도 없어야 합니다. 물음에 대한 답변일 뿐이요, 상대의 용심에 대한 부응일 뿐이며 하늘이 정해준 때에 이야기할 뿐입니다. 즉, 분별심을 내지 않고, 선입견이 없이 설법합니다.

자유란 무엇입니까?

보통 사람이 생각하는 자유는 자기 마음대로 선입견에 따라 움직이는 것입니다. 그러나 보살이 생각하는 자유는 조금도 '자기 마음대로'가 없고 반대로 '부처님 뜻대로'입니다. 자기 마음대로 하는 것은 선입견의 노예가 되는 것이요, '자기 마음대로'에서 벗어날 때란 참 진리와 하나가 됨을 뜻합니다. 보살은 부처님의 뜻을 따르고 우주의 명을 받을지언정 일체의 사적 자유를 생각지 아니합니다. 교통 규칙을 지키지 아니하고 자기 마음대로 자동차를 몰 때 자동차의 자유는 실종되고 교통 규칙을 잘 지킬 때 자동차의 흐름이 자유롭듯이, 보살은 법을 설할 때도 우주의 뜻대로 부처님의 뜻대로 말할 뿐입니다. 이때 걸림이 없고 활기찬 설법이 됩니다.

부처님의 설법을 수기설법이라 합니다. 사람에 따라서 설법이 다르며 그 근기에 알맞게 설법하십니다. 부처님의 설법을 자세히 살펴보면 어느 곳에도 당신의 주장은 전혀 없고 오직 질문하는 사람 또는 듣는 사람이 행복해지는 내용으로만 이루어져 있습니다. 오직 질문자의 물음에 대해 거울처럼 비추고 메아리처럼 자연스럽게 반응하실 뿐, 부처님께는 인위적이라 할 어떠한 분별심도 없습니다. 팔만사천대장경의 모든 부처님 법문이 모두 당신의 소리가 아니요 중생의 소리이기에, 부처님께서는 "실로 내가 설한 바 없다. 부처님 말씀은 우주의 뜻 그대로이다無法可說, 如來者 卽諸法 如義." 하셨습니다.

아상이 없는 부처님이나 보살들은 부처님의 뜻대로 말씀하시며 부처님의 뜻대로 살기를 권합니다.

그리스도교에서도 자기 뜻대로 살기를 바라지 말고 진리의 뜻대로 살라고 하며 다음과 같이 이야기합니다.

아버지여 만일 아버지의 뜻이거든 이 잔을 내게서 옮기시옵소서. 그러나 내 원대로 마시옵고 아버지의 원대로 되기를 원하나이다.

<누가복음 22장 42절>

공부 잘하는 수도자라도 부처님이 절대가 되고 내가 완전히 없어지는 경지에 이르지 아니하는 한, 부처님께서 말씀하시는 무법가설의 심경을 공감할 수 없습니다. 그래서 수보리 존자는 다음과 같이 질문하였습니다.

그때 지혜로운 수보리 존자가 부처님께 말씀드렸다.
"부처님이시여, 미래세에 어떤 중생이 이 이야기를 듣고 믿음을 내겠습니까?"
부처님께서 말씀하시기를
"믿는 마음을 낸 그 사람은 중생이 아니고 또 중생 아님도 아니니"
爾時에 慧命 須菩提 白佛言하되
"世尊하, 波有衆生이 於未來世에 聞說是法하고 生_信心不잇가?"
佛言하사되

"須菩提야, 彼非衆生이며 非不衆生이니"

여기서 부처님께서 말씀하시는 중생이란 "무법가설 시명설법無法可說 是名說法"이라는 이야기를 듣고 공감을 한 중생을 말합니다. 부처님께서는 이 중생을 중생이 아니라고 하셨고, 또 중생 아님도 아니라고 하셨습니다. 잘 알기 어려운 말씀입니다. 무슨 뜻일까요?

보살처럼 수도하여 아상을 소멸한 사람이라면 사물을 대할 때 아무 선입견이 없습니다. 어리석은 중생이 한없는 우문愚問을 던지더라도 화를 내지 않음은 물론, 도리어 그 마음을 잘 어루만질 수 있는데, 이것은 선입견이 없어서 가능합니다. 이 사람은 중생과 대화할 때 상대방과 한마음이 되어 정성껏 이야기를 잘 들어서 이에 알맞은 답변만을 하려 합니다. 이렇게 자신의 주장을 비우고 상대의 관점에서 대하여 몇 번이고 상대를 편안하게 해 주었다면, 그 사람은 자신의 답변은 단순히 질문에 대한 거울이며 메아리일 뿐, 자신은 상대를 가르치기 위하여 한 번도 분별심을 내지 않았노라고 할 것입니다. 만일 이런 체험을 한 사람이 "무법가설 시명설법無法可說 是名說法"의 말씀을 들었다면 '아! 바로 내가 저런 경험을 했는데 실감 나는 말씀이다.'라고 생각하며 신심을 낼 것입니다.

이 사람은 이미 오래전 숙세에서도 이같은 체험을 하였음이 분명하니 이를 보통 사람과 똑같은 중생이라 할 수 있겠습니까?

이 사람을 미迷한 중생이라 할 수 없습니다. 그러나 아직 닦을 일이 많이 남아 있으니 중생 아님도 아니라고 하신 것입니다.

"왜냐하면 수보리여, 중생 중생하지만 중생이란 실로 중생이 아니고 그 이름이 중생일 뿐이니라."

"何以故오 須菩提야, 衆生衆生者는 如來說 非衆生이 是名衆生이니라."

부처님께서 중생이라는 표현을 두 번 사용하였습니다. 먼저 중생이건 나중의 중생이건 실은 다 중생이 아니고 이름이 중생일 뿐이라는 말씀입니다. 중생이라는 것이 무엇입니까? 미하고 욕심에 가득찬 사람을 중생이라 합니다. 그러나 마음에 미함과 욕심이 없어진 사람의 눈에는 어떤 못난 것도 보이지 않습니다. 부처님과 같이 마음속에 모든 분별심이 사라진 분에게는 중생은 없고 오직 부처님만이 존재할 뿐입니다. 그래서 부처님께서는 "중생이 아니다. 분별심으로 이름 지어 중생이라 할 뿐이다."라고 말씀하신 것입니다. 또 부처님께서는 "그대 마음속에만 못난 것이 있을 뿐 세상에는 실로 못난 것이 없느니라. 그대 마음속에 못났다는 생각을 부처님께 바칠 때 모든 사람이 정녕 부처님으로 보일 것이다."라고 가르쳐 주십니다.

22

법을 가히 얻은 바가 없다

無法可得分

수보리 존자가 부처님께 아뢰었다.

"부처님이시여, 부처님께서는 최고의 지혜를 얻으셨지만 얻으셨
다는 생각이 없으시지요?"

須菩提 白佛言하되

"世尊하, 佛이 得阿耨多羅三藐三菩提가 爲無所得耶잇가?"

이는 다소 추상적 설명이지만 실생활과 관련지어 보면 좀 더 실감
나는 이야기가 됩니다. 공부하는 것, 즉 수도하는 것을 싫어하지 않
고 즐겨할 수 있다면, 인생의 최대 과제인 도통이라는 큰 과제도 쉽
게 해결할 수 있을 것입니다. 사람들이 다 어려워하는 공부도 즐길
수 있는 사람이라면 어렵지 않게 세상의 모든 이치를 통달하고 생
사를 해탈하여 구경究竟의 행복에 도달할 수 있다는 말씀입니다. 문

제는 공부를 싫어하고 수도를 싫어하는 것, 즉 아상입니다.

　공부를 '어서 하겠다' 하면 탐심이요, 공부가 '왜 아니 되느냐' 하면 진심, '공부가 잘된다' 하면 치심입니다. 공부가 싫어지는 것은 공부를 어서 하겠다는 탐심에서 비롯됩니다. '공부 하겠다'는 탐욕심이 없으면 공부란 본래 즐겁게 마련입니다. 탐심 또한 아상입니다. '배우고 때로 익히니 또한 즐겁지 아니한가學而時習之 不亦說乎'라는 공자님의 말씀처럼 세상의 이치를 터득하는 것은 참 즐거운 일입니다. 공부를 한꺼번에 내 마음대로 하려는 마음이 문제인데, 이러한 용심이면 공부가 좀 되었다 하여도 '공부가 되었다! 깨달았다!'라는 소득심, 즉 치심을 내게 됩니다. '깨쳤다'라는 소득심이 남아 있는 한 제대로 깨친 것이 아니요, 깨쳤다는 생각까지 없어져야 제대로 깨친 것입니다. 보통 사람들은 대부분 도통을 하겠다는 마음, 즉 탐심으로 공부를 시작하기에, 설사 깨쳤어도 소득심을 동반합니다. 소득심 또한 아상입니다.

　그러나 아주 드물게 순수한 마음의 소유자는 부처님의 정법을 만난 것만으로도 감사하여 수도를 즐겁게 할 뿐, 최고의 지혜를 꼭 성취하려는 탐욕심을 내지 않습니다. 순수한 사람은 최고의 지혜에 대한 동경심과 공경심만으로 수행 과정을 즐깁니다. 단기간에 끝내려 하지 않고 천년만년 공부하려 합니다. 공부를 즐기는 마음이라면 설사 크게 깨쳐도 소득심을 낼 이유가 없습니다. 생사를 해탈하고 아누다라삼막삼보리를 얻어도 얻었다는 생각을 낼 근거가 없어집니다. 그래서 수보리 존자는 다음과 같이 질문하십니다.

　"부처님께서는 마음 닦는 과정을 아무 바라는 것 없이 순수하고 즐겁게 하셨기에, 비록 생사를 해탈하시고 세상의 모든 일을 다 아셨어도 '생사를 해탈했다'라는 생각이나 '안다'는 생각을 하실 까닭이 없을 것 같습니다. 그러하시지요?"

부처님께서 말씀하셨다.
"그렇다! 바로 그렇다! 수보리여, 나는 최고의 지혜뿐 아니라 어떤 조그마한 진리도 얻었다는 마음을 내지 않노라. 이래야 최고의 깨침이라 할 수 있노라."
佛言하사되
"如是如是니라. 須菩提야, 我於阿耨多羅三藐三菩提에 乃至 無有小法可得일새 是名阿耨多羅三藐三菩提니라."

부처님께서는 생사 해탈의 대도를 추구하시기보다는 즐기셨을 뿐, 즉 세상의 작은 일도 외면하거나 싫어하지 않고 즐거이 하셨다는 말씀입니다. 그리하여 생사 해탈의 큰일은 물론 세상의 대소사도 다 알게 되었으며 '안다'는 생각까지 없게 되었는데 이래야 진정으로 아누다라삼막삼보리를 얻은 것이라는 말씀입니다.

'일통一通이면 다통多通'이라는 말씀이 있지요. 마음을 닦는 사람이 도를 깨달으면 세상의 모든 이치를 다 안다는 뜻이기도 합니다. 자신의 마음에 일어나는 각종 탐심을 깨칠 때 경제의 원리를 통달할 수 있습니다. 마음속에 성냄의 분별심 사라졌을 때 법률의 도道, 정치의 도를 알 수 있습니다.

공자님은 정치학을 배우지 않았어도 정치의 도를 알았습니다. 경제학을 공부하지 않았어도 부국강병의 길을 알았습니다. 과학을 배우고 실험을 하지 않았으련만 이미 2,500년 전에 〈주역〉에서 "물질은 에너지로부터 만들어진다精氣爲物."라는, 20세기 후학이 겨우 알게 되는 과학의 이치까지 벌써 알았던 것입니다. 한마음, 탐진치를 깨치면 이처럼 모든 것을 다 아는 것입니다. 또 모든 것을 다 아는 깨침이어야 제대로 된 깨침이라고 하겠습니다.

—

23

무소득의 마음으로 좋은 일을 하라

淨心行善分

"다시 수보리여, 이 가르침은 평등하여 위아래가 없기에 그 이름
을 아누다라삼막삼보리라 하느니라."

"復次 須菩提야, 是法이 平等하야 無有高下ㄹ새 是名阿耨多羅三藐
三菩提니라."

아누다라삼막삼보리는 무상정등정각, 즉 모든 것을 다 아시는 부
처님의 능력을 말합니다. 다 아신다면 한쪽은 잘 알고 다른 쪽은 모
르실 리 없습니다. 마치 태양빛이 사람과 동물, 산과 강 등을 차별
없이 평등하게 비추듯 부처님의 아시는 능력은 비단 출세간의 일에
국한되지 아니하고 세간의 모든 일에도 평등하게 적용됩니다. 부처
님께서는 혜안 법안 불안 등의 형이상학적 지혜도 갖추셨지만, 정치
경제 사회문제나 자연과학 등의 형이하학적 진리까지도 다 훤히 아

시기에 평등하다고 하십니다. 반대로 공의 진리를 잘 해석하면서도 세상의 고민과 난제를 해결하는 지혜가 없다면 그러한 지혜는 평등하다 할 수 없습니다.

'아누다라삼막삼보리의 지혜는 두루 다 아는 지혜이다. 세간의 일, 출세간의 일을 다 안다. 그래서 평등하다.'라고 해석해 봅니다. 문제는 어떻게 중생이 부처님의 지혜, 즉 아누다라삼막삼보리에 도달하느냐인데, 그 방법까지 부처님께서 친절하게 말씀하셨습니다.

"나니 너니, 잘났느니 못났느니 하는 생각 없이 모든 착한 일을 한다면 바로 아누다라삼막삼보리를 얻느니라."

"以無我 無人 無衆生 無壽者하고 修一切善法하면 則得阿耨多羅三藐三菩提니라."

탐진치를 악법惡法이라 한다면, 탐진치를 닦는 법은 선법善法이라 할 것입니다. 탐진치를 연습하는 것은 아상의 연습이요 모르는 마음의 연습입니다. 탐심을 닦기 위하여 우리는 보시행布施行을 합니다. 진심을 닦기 위하여 지계행持戒行을 합니다. 자기 잘난 마음을 닦기 위해서 인욕행忍辱行을 합니다. 이렇게 부지런히 연습하는 것을 정진精進이라 하는데, 정진의 결과 마음이 즐거워지고禪定 드디어는 아는 마음智慧이 발생합니다. 이러한 육바라밀의 수행은 바로 모르는 마음에서 아는 마음으로의 전환이라 하겠습니다.

"탐진치를 닦되 무아 무인 무중생 무수자 하라." 하신 것은 자기 자신의 행복만을 위해서 보시 지계 인욕을 행하는 것이 아니라, 부처님 잘 모시기 위해서, 부처님 즐겁게 해 드리기 위해서 보시 지계 인욕 등의 선법을 행하라는 말씀입니다. 즉, 단순히 보시만 할 것이 아니라 부처님 기쁘게 해 드리는 보시인 보시바라밀이 되어야 하고, 단순한 지계가 아닌 부처님 기쁘게 해 드리는 지계, 즉 지계바라밀이 되어야 한다는 것입니다. 자신이 밝아지기 위해서라기보다 부처님 즐겁게 해 드리기 위해서 보시바라밀, 지계바라밀, 인욕바라밀을 행할 때 우리 마음속에 있던 한없는 열등감, 즉 모르는 생각이 아는 마음으로 바뀝니다. 천안이 열리고 숙명을 알 뿐 아니라 정치, 경제, 사회 등 세상의 모든 일과 우주의 비밀도 의심 없이 알게 됩니다.

다음과 같은 세계는 범부들도 잘하면 체험할 수 있는 아누다라삼막삼보리의 한 모습입니다.

밤새껏 금강경 읽으면서 자신도 모르게 잠들지언정, 일부러 잠을 청하지는 말아라. 이것이 습관이 되면 '어둡다, 밝다' 하는 하는 구분이 없어지고, 깨어 있는 상태와 잠드는 상태가 다르지 않게 된다. 그리고 모른다는 마음의 분별이 사라지고 아는 마음으로 바뀐다. 아는 마음의 세계는 모르는 마음의 세계와는 사뭇 다르다. 모른다는 분별이 없어지면 환희심이 나고 세상이 별것 아닌 것 같이 느껴지기도 한다.

〈마음을 어디로 향하고 있는가, 김영사〉

"수보리여, 지금 말한 선법이란 것은 선법이 아니요 그 이름이 선법이니라."

"須菩提야, 所言 善法者는 如來說 卽非善法이 是名善法이니라."

수보리여, 내가 지금 이야기하는 선법은 부처님 시봉하는 마음으로 행하는 선법이다. 이는 그대들이 생각하는 도덕적으로 훌륭한 일이나 세상에서의 착한 일과는 근본적으로 다르다. 그대들이여! 세상에 좋은 일을 하되 좋은 일 했다는 마음도 바쳐라. 잘 바치면 당장이라도 부처님 세계, 깨달음의 세계가 눈앞에 전개되리라. 이것이야말로 바로 사람을 살리는 법이요, 이름만이 아닌 참다운 선법이니라.

지혜는 매우 커서 복과 비교가 안 된다

福智無比分

"수보리여, 만일 삼천대천세계중 수미산왕만한 칠보의 무더기를 어떤 사람이 보시하고, 또 다른 사람이 이 반야바라밀경 또는 이 경의 대의를 포함하고 있는 간단한 사구게 등을 수지독송하여 다른 사람을 위하여 이야기해 준다면, 수미산왕만한 칠보로 보시를 한 복덕이 백 분의 일에도 미치지 못하며, 백천만억 분 내지 어떠한 산수적인 수로도 비교할 수 없느니라."

"須菩提야, 若三千大千世界中 所有諸須彌山王 如是等 七寶聚로 有人이 持用布施하고 若人이 以此般若波羅蜜經 乃至 四句偈等을 受持讀誦하야 爲他人說하면 於前福德은 百分에 不及一이며 百千萬 億分 乃至 算數譬喩에 所不能及이니라."

이 수미산왕 칠보는 보통의 칠보와는 다른 의미의 칠보로, 정신적 가치를 지닌 보배라 하겠습니다. 따라서 수미산왕 칠보로 보시한다는 뜻은 정신적 가치를 베푸는 일이라 할 것이며, "반야바라밀경 수지독송 위타인설"은 "실무중생 득멸도자"의 실천이요 몸뚱이 착을 없애고 참나를 세우는 일로 해석할 수 있습니다. 부처님께서는 이렇게 구체적이며 이해할 수 있게 말씀하실 것입니다.

수보리여, 귀한 물건(칠보)은 자기가 가지고 싶을지언정 남에게 주기는 싫다. 칠보를 남에게 베푸는 일은 다른 사람을 물질적으로 도와주는 것은 물론이려니와, 아까워하는 마음, 즉 탐심을 제거하는 일도 된다. 따라서 칠보를 보시한 결과 물질적으로 풍요로워지고 정신적으로도 안락을 얻게 되리라. 그러나 아무리 많은 물질로 베푼다고 해도, 그보다는 정신적 가치를 베푸는 것이 자신이나 다른 사람들에게 더욱 도움이 되리라. 그 공덕은 생사를 해탈하게 하여 결국 밝음에 이르게 할 것이기 때문이다.

물질로 다른 사람에게 베푸는 일이든, 진리를 설법하는 일이든, 그 행위를 어떠한 용심으로 행하느냐에 따라 결과는 매우 다르다. 범부가 하는 것은 물질이든, 정신적 가치를 베푸는 일이든, 대개 '자신을 위하는 마음', 즉 '아상'으로 출발할 가능성이 높다. 아상이 붙어 있는 한 아무리 위대한 일이나 거룩한 일을 하더라도 참나는 드러나지 않으며, 부처님 광명도 임하지 아니하리라. 자신이 잘되려는 마음으로 출발한다면 가슴이 벅차는 성과를 바로 지금, 금생에 기대하기 어려우리라. '금강경 잘 읽어서 부처님 기쁘게 해 드리기를 발원' 하거나 '모든 사람이 고통을 해탈하여 평화와 안락의 세계로 가기를 발원' 하면서 금강경을 독송하라. 그대들은 먼 미래가 아닌 지금 당장 구원의 손길이 필요하다.

'참나'를 바로 세우는 것은 무엇일까?

그대 속에 묻혀 있던 부처님을 세우는 것이다. 그대 속의 부처님, 즉 '참나'는 청정하여 일찍이 탐심에 물든 바도 없고, 진심 그리고 치심에도 물든 바 없다. 살생, 도둑질, 음행 그리고 거짓 등 일체 죄업에도 물든 바 없다. "나는 무시겁으로 죄지은 적이 없노라."라고 선언하는 것은 바로 참나를 세우는 일이다. 다른 곳도 아닌 이곳에서 바로 지금 부처님(참나)의 광명을 받아들이는 것이며, 자신의 참 모습을 보는 것이다. 그대들 속의 참나는 너무 오랫동안 부귀영화를 좋아하는 마음, 불평하는 마음, 또는 편안함에 안주하는 마음속에 묻혀 그 정체를 드러내지 못했다. 생로병사 속의 육신을 참 자기인 줄 알았고, 탐진치 속에 방황하는 정신을 내 마음으로 착각하였다.

그대들이여! 금강경에서 "그대 생각은 모두 가짜 나, 즉 아상의 그림자이기에 모두 부처님께 바쳐라(3분)." 하였고, "일하되 자신이 잘되기 위해서 하지 말며 부처님을 즐겁게 해 드리기 위하여 일하라(4분)." 하였으며, "모든 사람을 부처님처럼 보라(5분)."고 하였다. 이 금강경의 근본정신을 실천하려 하면서 틈나는 대로 금강경을 독송하라.

수보리여, 그리고 말세 중생이여! 아침 일찍부터 금강경을 독송하라. 한가한 시간에는 늘 금강경을 독송하라. 밤에도 잠을 적게 자고 독송하라. 금강경 속에서 생활하라. 독송하는 순간 부귀영화에 묻혀서 드러나지 못했던 그대 속의 '참나'가 드러날 것이며, 반대로 '가짜 나'인 아상은 절로 사라지리라. '참나'인 부처님 광명이 임하리라. 지금 당장, 모든 근심 걱정에서 벗어나 마음이 상쾌해지고 기쁨이 넘치리라. 모든 육체적 고통과 정신적 착각 상태에서 벗어나리라. 순간순간 밝아지며 순간순간 지혜가 임하리라. 사금강四金剛이 옹호하며 팔보살八菩薩이 찬양하리라. 드디어는 무량한 세월 동안에 한량없이 받았던 고통의 세계에서 근본적으로 탈출하리라. 생사의 악몽에서 해탈하리라.

금강경 수지독송의 공덕이여!

어찌 어떤 세상의 물질적 정신적 복과 비교할 수 있으랴. 아상으로 하는 모든 행위가 비록 위대하게 보여도 금강경을 수지독송하는 일에 비하면, 그 복은 백 분의 일도 되지 못할 것이며, 어떠한 산수의 비유에도 미치지 못할 것이다.

수보리여, 그리고 말세 중생들이여! 부디 금강경을 수지독송하라.

—

25

제도한다는 생각이 없어야 제도가 된다

化無所化分

"수보리여, 그대들은 부처님이 중생을 제도했다고 생각하는가? 아니다. 왜냐하면, 실제로 부처님이 제도하신 중생은 없기 때문이다. 만일 부처님이 제도하신 중생이 있다면 부처님도 아인중생수자가 있게 되는 것이니라."

"須菩提야, 於意云何오 汝等은 勿謂하라. 如來作是念하되 我當度衆生하라. 須菩提야, 莫作是念하라. 何以故오 實無有衆生을 如來度者니라. 若有衆生을 如來度者ㄴ데는 如來도 則有我人衆生壽者니라."

부처님의 자비하신 메시지, 중생 제도의 길을 21세기 현실에 맞게 더 쉽고 실감 나게 재구성해 봅니다.

수보리여, 많은 사람이 부처님을 만나고 가지가지의 고통에서 벗어남은 물론이고, 나쁜 사람이 변해서 착한 사람이 되며, 범부가 변해서 성인으로 환골탈태한다. 이를 보고 '부처님께서는 큰 자비와 큰 능력으로 수많은 사람을 제도하시는구나.'라고 생각할 것이다. 그러나 수보리여! 실로 부처님께서는 한 중생도 제도하신 바 없으며, 또한 한 중생도 제도받은 자가 없느니라. 수보리여, 고통과 행복, 나쁜 사람과 착한 사람, 범부와 성인 등은 그대 마음 밖의 어떤 현상이 아니다. 이 모두 이름뿐이며 실제는 없는 허상인데 꼭 있는 것처럼 여겨지는 것은, 그대 마음속의 분별심 때문이다. 그대 마음속에 분별심이 생기면 제도해야 할 중생도 또한 이처럼 새롭게 생기는 것이다.

"수보리여! 부처님이 말하는 '나'란 '참나'를 말하므로 범부들이 생각하는 아상의 '나'와는 다르다."
"須菩提야, 如來說 有我者는 則非有我언마는 而凡夫之人이 以爲有我하나니라."

그러나 그대 마음속 분별심의 파도를 부처님께 바쳐 평온해져서 참나가 드러나고 분별심이 사라진다면, 제도해야 할 중생 또한 사라진다. 그대가 수도해서 발견하는 참나는 그대나 그대 주위의 중생에게 소속한 것이 아니며 자타自他가 없다. 그대 마음속에서 참나가 드러날 때 그대 마음을 평온하게 할 뿐 아니라 인연 중생의 분별심도 소멸시키는 힘이 있으니, 실로 참나는 자타를 다 평온하게 하는 큰 위력이 있다.

따라서 중생이 부처님을 만남으로써 새사람으로 태어나는 이유를 알 수 있으리라. 중생이 착한 마음을 내는 경우는 물론, 악심을 내는 경우라도 부처님을 향하는 순간, 향한 것만큼 부처님 광명, 즉 참나가 중생에게 임하니 객기인 아상이 맥을 잃고 드디어는 사라지기 때문이다. 이러한 원리로 중생이 스스로 자신을 제도할 뿐, 부처님께서 심혈을 기울인 노력으로 중생을 제도하였다고 할 수 없느니라.

수보리여, 말세 중생이여! 사람이 고약하다고 하여 훌륭한 사람 만들려 하지 마라. 우선 그대들 마음속에 그들이 고약하다고 생각하는 마음을 부처님께 바치어라. 비록 천하에 고약한 사람도 모두 성인이 되는 훌륭한 소질을 가지고 있어, '부처님의 광명'만 만나면 싹이 트고 성장하며 외부 도움 없이도 새사람이 되느니라. 그대가 고약하다고 생각하는 마음을 부처님께 바치면 참나가 드러나고, 이때 제도하시는 '부처님의 광명'이 우선 그대의 고약한 마음을 제도하고 동시에 그들의 고약한 마음을 제도한다. 마찬가지로 믿지 아니하는 사람을 부처님 믿게 하려고 애쓰지 마라. 교화하려는 마음을 부처님께 바치어라. 이때 '참나'라는 '부처님 광명'이 드러나서 그들을 비추며 크나큰 감화의 능력을 발휘하리라.

수보리여! 말세 중생이여! 마찬가지로 이웃이나 사회를 개혁하려 힘쓰지 마라. 사회를 개혁하기보다는, 사회가 어둡다고 보는 그대의 마음을 부처님께 바쳐라. 그리하여 그대 마음속에 사회를 어둡게 보는 마음 대신 '참나'가 들어서게 하여라. 이 '참나'는 아무 말 없이 조용한 것 같아도 차근차근 순리를 밟아가며 주위를 정화시키고, 사회를 개혁하는 큰 위력을 나타낼 것이다. 제도는 사람이 하는 것이 아니다. 제도는 오직 참나, 부처님만이 할 뿐이다.

"수보리여! 부처님이 말하는 범부는 그대들이 생각하는 범부와
는 다르다."
"須菩提야, 凡夫者는 如來說 則非凡夫니라."

육신을 가진 부처님은 일체 허물이 없기에 남의 허물을 보지 않는다. 따라서 세상에서는 범부라 하는 이도 범부로 보지 아니한다. 중생은 허물이 있고 또 남의 허물을 보는 용심이 있기에 사람이 범부로도 보이고 때로는 성인처럼 보이기도 하지만, 부처님의 눈에는 모두 완전무결한 부처인 것이다. 이름만 범부라 할 뿐이다.

26

법신은 모양이 없다

法身非相分

"수보리여, 어떻게 생각하는가. 32상이 있으면 부처님이라고 볼 수 있겠는가?"

수보리 존자가 대답하기를

"예, 그렇습니다. 32상이 있으면 부처님이라 할 수 있습니다."

부처님께서 이 이야기를 들으시고 말씀하시기를,

"32상으로 여래를 볼진대 전륜성왕도 곧 부처님이겠구나."

그러자 수보리 존자가 다시 말씀드렸다.

"제가 부처님 뜻을 해석하기로는 32상으로 부처님이라 할 수 없겠습니다."

그러자 부처님께서 게로써 말씀하시기를

"만일 모양으로 참나를 보려 하거나 음성으로 참나를 구한다면, 이 사람은 몸뚱이 착이 있음이라, 참나를 볼 수 없느니라."

"須菩提야, 於意云何오 可以三十二相으로 觀_如來不아?"

須菩提言하되

"如是如是니이다. 以三十二相으로 觀_如來니이다."

佛言하사되,

"須菩提야, 若以三十二相으로 觀_如來者ㄴ데는 轉輪聖王이 則是如來니라."

須菩提 白佛言하되

"世尊하, 如我解佛所說義로는 不應以三十二相으로 觀_如來니이다."

爾時에 世尊이 而說偈言하사되,

"若以 色見我커나 以音聲求我하면

是人은 行邪道라 不能見如來니라."

부처님은 중생을 사랑하시기에 아마도 설법은 친절하며, 지혜로 우시기에 어렵지 않으며, 듣는 사람이 밝아지는 데 알맞게 말씀하실 것입니다. 그러나 위와 같은 해석은 지혜가 부족한 요즘 사람에게는 꼭 쉽지도 않고 실감도 나지 않습니다. 요즈음 사람들에게 자비로운 부처님의 말씀은 어떤 것일까 생각해 보았습니다.

수보리여, 부처님의 32가지 거룩한 몸매가 부처님의 특징이 아니라고 이미 이야기한 바 있다. 그때 그 이야기를 듣고 그대는 쉽게 알아듣고 공감하였다(13분). 그러나 수보리여, 그대와 같이 지혜 있는 사람도 32가지 거룩한 몸매의 배경이 되는 고귀한 덕의 성품만은 부처님의 특징이 되리라고 생각할 수 있다. 자비심, 용기, 지혜로움

등 세상 사람들이 말하는 훌륭한 덕성을 연습하면 부처님과 똑같은 32가지의 거룩한 몸매가 형성되므로, 그대들은 고귀한 덕의 성품이 바로 부처라는 말에 동의하지 않을 수 없으리라.

그러나 이 또한 잘못이다. 내가 이러한 잘못을 일깨워 주기 위하여 그대에게 32가지 덕의 성품으로 부처님을 볼 수 있느냐고 물었다. 수보리여, 전륜성왕은 자비롭고 용기가 대단하며 매우 지혜롭다. 그런데 자비심이나 용기 등의 감정이 있다.

부처님은 비록 중생의 눈에 자비롭고 용기가 대단하며 매우 지혜롭게 보여도, 아무 감정이 없고 무심하다. 따라서 수보리여, 부처님께서 자비롭고 용기 있고 지혜롭다고 하여 세상에서 가장 훌륭한 '사람'인 전륜성왕의 자비나 용기 또는 지혜로움과 같다고 하면 안 된다. 부처님의 특징은 아무 형상이 없는 것이다. 이제 그 뜻을 구체적으로 설명하노라.

그대들의 본래 모습, 참나를 찾으려면
겉모양 따르지 말고 자기자신을 관찰하라.
근심, 걱정, 외로운 마음, 고달픈 마음, 열등감
모두 참나의 모습 아니니 부처님께 바쳐라.

금강경 지송하고 부지런히 바치는 연습하면
근심, 걱정, 외로운 마음 어느덧 사라지고
기쁜 마음, 씩씩한 마음으로 행복이 솟구친다.
주위 사람 항상 웃고 열등감 사라진다.

재앙이 소멸되며 하는 일이 잘 풀리고
마음은 언제나 푸르고, 온 세상 부처님 얼굴
내가 바뀌고 세상이 바뀌며
기적이 창조되고 금강경이 실감 난다.

그러나 좋은 감感이 남아 있는 한
본고장에 온 것 아니고
부처님과 함께하지 못한 것
금강경 읽고 또 읽으며 그 마음 바치어라.

기쁨의 감도, 행복의 감도 다 바치고
평화의 감도, 거룩한 감도 다 바쳐 무심이 되고
무심 또한 바쳐질 때 부처님과 함께하는 것
참 본고장에 온 것이다.

—

27

끊을 것도 멸하여 없어질 것도 없다

無斷無滅分

"수보리여, 부처님께서 아누다라삼막삼보리를 얻으심이 부처님
의 원만 구족한 모습과 무관하다고 생각하는가? 수보리여, 부처
님께서 아누다라삼막삼보리를 얻으심이 당신의 원만 구족한 모
습과 무관하다고 하지 말지어다."
"須菩提야, 汝若作是念하되 如來 不以具足相故로 得阿耨多羅三
藐三菩提하라. 須菩提야, 莫作是念하라. 如來 不以具足相故로 得阿
耨多羅三藐三菩提니라."

이 말씀을 업보 속에 사는 우리 일상생활과 관련하여 살펴 봅니다.

수보리여, 사람들이 마음속의 탐심, 진심, 치심을 부처님께 바치
면 마음이 평화로워지고 지혜가 생김은 물론, 탐진치로 물들었던 자

신의 피부세포 뼈세포 뇌세포 등이 차츰 변화하여 피부가 부드러워
질 뿐 아니라, 얼굴에 악기나 사기가 사라지고 골상 또한 차츰 원만
해진다. 따라서 육신이 원만한 사람은 용심도 원만하며 숙세에 많이
수도하였던 선근이 있음을 알 수 있다. 이런 사람이라면 부지런히 수
도하면 어렵지 않게 부처님의 아누다라삼막삼보리를 얻을 것이다.

그러나 늘 탐심이나 진심 또는 치심 속에서 사는 사람은 얼굴에
악기惡氣가 돌고 외모는 점점 사악해진다. 따라서 외모가 원만치 못
한 사람은 틀림없이 용심도 원만치 않으며, 숙세의 무거운 짐을 지
고 온 것이 분명하다. 이런 사람은 상당히 노력해도 밝아지기가 쉽
지 않다.

역대의 도인을 보아라. 그들은 대개 원만한 풍모를 지니고 있다.
이것이 부처님의 아누다라삼막삼보리가 원만한 외모와 무관하지 않
은 이유이다.

"수보리여, 아누다라삼막삼보리를 얻고자 하는 사람은 모든 법
을 끊고 없앤다고 생각하지 마라. 왜냐하면 아누다라삼막삼보리
의 마음을 낸 사람은 끊고 없앤다는 생각이 없기 때문이니라."
"須菩提야, 汝若作是念하되 發阿耨多羅三藐三菩提者는 說諸法에
斷滅相하라. 莫作是念하라. 何以故오 發阿耨多羅三藐三菩提心者
는 於法에 不說斷滅相이니라."

수보리여, 사람을 극히 좋아하거나 싫어하지 말라. 사람을 좋아하
거나 싫어하고 미워하는 용심은 그 자체가 큰 선입견이 되어 사람

을 제대로 보는 눈을 가린다. 이 사랑과 미움의 용심은 대체로 전생에 상대로부터 해로움을 당했다는 쇼크에서 비롯하며 이러한 쇼크를 한恨이라고도 한다. 한이 깊으면 깊을수록 그 사고방식은 자신에게 주어지는 일들에 대해 항상 호好 아니면 불호不好, 전부 아니면 전무가 되어 중도의 사상을 갖기가 쉽지 않고 항상 극단적 사고방식을 가지게 되리라說諸法 斷滅相. 너무 좋아하는 마음은 곧 너무 싫어하는 마음이다. 애증의 그 마음을 부지런히 부처님께 바쳐라. 그러면 배신이나 이별과 같은 재앙에서 벗어나리라. 마음속 애증을 부처님께 잘 바치는 사람은 단절이니 결별이니 하는 단어에 아무런 감정도 느끼지 않는다.

수보리여, 사물도 마찬가지다. 배우는 일이나 공부가 왜 싫다고 하겠느냐? 공부를 어서 하겠다느니, 공부가 왜 아니 되느냐 하는 '분별심'이 공부를 싫게 하는 장본인이며, 이 마음이 영원히 공부를 지겹게 하고 공부와의 인연을 끊게도 한다. 그러나 싫은 마음을 부처님께 잘 바친다면 배우는 일은 한량없이 즐거운 일이 되리라. 공부나 그 외 모든 주어진 환경이 마음에 들지 않아도 원망하거나 뿌리치지 마라. 그 싫은 마음을 부처님께 바쳐 본래 없는 것을 깨치도록 하여라. 그러면 하기 싫던 공부는 즐거워지고, 괴롭히기만 하던 주위 환경은 어느새 변하여 훌륭한 안식처가 되고 의지처가 될 것이다 不說斷滅相.

—
28

복덕을 가지지도 탐하지도 않는다
不受不貪分

"수보리여, 만일 어떤 사람이 항하의 모래만큼 많은 세계에 가득 찬 칠보를 보시하고, 또 다른 사람이 일체의 법이 내가 없음을 알아서 그것을 연습하여 습관이 된다면 이 사람은 먼저 사람이 얻은 공덕보다 더 낫다."

"須菩提야, 若菩薩이 以滿恒河沙等 世界七寶로 持用布施하고 若復有人이 知一切法無我하야 得成於忍하면 此菩薩은 勝前菩薩의 所得功德이니"

알기 쉬워야 믿는 마음이 날 수 있고, 믿는 마음이 나야 발심할 수 있습니다. 부처님께서 다음과 같이 쉽게 풀어서 말씀하신다면 많은 사람이 금강경과 더욱 친밀해져 신심발심할 것입니다.

수보리여, 보시란 아름다운 선행, 씨 한 알을 심어 백 이상의 열매를 얻듯 보시의 복과 덕은 크다. 만일 어떤 사람이 헤아릴 수 없이 많은 칠보를 여러 사람에게 베풀어 주는 선행을 한다면 그로 인해 얼마나 큰 복을 받겠는가?

수보리여, 그러나 그렇게 위대한 선행도 부처님께 굳은 신심을 내지 않고 자신의 판단이나 감정에 이끌리어 행한다면, 그 선행이 아무리 위대하여도 절대적 행복이나 영적인 행복에는 이르지 못하나니라.

수보리여, 부처님께 신심발심하지 아니한 사람은 어떤 사람이냐? 자기의 마음, 즉 '가짜 나'의 생각이나 느낌에 좌지우지되는 사람이다. 자신의 생각이나 감정이 아무리 고상한 듯 또 무심한 듯해도 이것은 부처님 모습이 아니요, 다 '가짜 나'의 모습일 뿐이다.

수보리여, 그대들이 일으키는 모든 생각이 근본적으로 허망하다. 그 생각이란 가짜 나가 일으키는 허상일 뿐 참 그대의 모습이 아니다. 그대들은 언젠가 부처님과 똑같은 본래 모습을 잃어버리고 가짜 나에 의해 조종되는 가련한 존재가 되었으며 그로 인하여 한없이 고통을 받았다.

그대들의 모든 생각을 부처님께 바쳐라. 아무리 옳은 것 같이 믿어져도 주장하지 말라. 그리고 주장하고 싶은 마음을 부처님께 바쳐라. 다른 사람이 터무니없는 누명을 씌워도 '아니'라고 말하지 말고 그 억울함을 부처님께 바쳐라. 미인이 그대에게 호감을 보이거나 주위 사람들이 그대에게 부귀영화를 제의하여도 들뜨지 말고 그 마음을 부처님께 바쳐라.

'아니'라고 하면서 자신의 주장을 세우는 마음은 다 그대들의 참 주장이 아니다. 다 가짜 나가 중얼거리는 허망한 속삭임일 뿐이다知 一切法無我. 무슨 일을 하든 항상 부처님과 함께하며, 자신의 이익보 다는 부처님 기쁘게 해 드리기 위해 일하라. 항상 '나는 부처님 시봉 하는 사람'이라 생각하고 금강경을 수지독송하라. 몸에 배도록 금강 경 읽고 그대의 혼이 감동하도록 금강경을 독송하라得成於忍. 그리 하여 오랜 세월 동안 친했기에 참나로 오인하였던 가짜 나의 굴레에 서 벗어나라! 그러면 모든 근심과 걱정 그리고 미래에 대한 공포에 서 벗어나리라. 한없는 희열을 느끼며 무한한 고요와 평화를 느끼 며 영원한 행복을 맛보리라勝前菩薩 所得功德.

"이는 복덕을 받지 않은 연고니라."

수보리 존자가 부처님께 사뢰기를

"부처님이시여, 복덕을 받지 않는다는 것이 무슨 뜻이옵니까?"

"수보리여, 보살은 지은 바 복덕에 탐착하지 않으므로 복덕을 받지 않는다고 한다."

"須菩提야, 以諸菩薩이 不受福德故니라."

須菩提 白佛言하되

"世尊하, 云何菩薩이 不受福德이니잇고?"

"須菩提야, 菩薩의 所作福德을 不應貪着일새 是故로 說不受福德이 니라."

수보리여, 보살은 내가 없다. 생시에도 내가 없고 꿈에도 내가 없다. 줄 때도 내가 준다고 생각지 않는다. 주어야 할 사람이 받아야 할 다른 사람에게 자연스럽게 전달한다고 생각한다. 받을 때도 내가 받았다고 생각지 않는다. 내가 받았으니 내 물건이라고도 생각지 않는다. 잠시 보관했다가 줄 사람에게 주는 것이다. 어려운 일이나 기적적인 일을 성취하여도 내가 한 일이라고 생각지 않는다. 주위 사람의 도움으로 한 것이며 부처님께서 하신 것으로 확실히 알고 감사한다.

부처님의 위의는 적정하다
威儀寂靜分

"수보리여, 만일 어떤 사람이 이야기하기를 부처님께서 오신다든지 가신다든지 누우신다든지 한다면,
이 사람은 내가 이야기한 뜻을 해석하지 못한 것이다.
왜냐하면 여래라고 하는 것은 온 바가 없으며, 갈 바 또한 없기 때문에 이름하여 여래라 하느니라."
"須菩提야, 若有人이 言如來 若來 若去 若坐 若臥라하면
是人은 不解我所說義니
何以故오 如來者는 無所從來며 亦無所去ㄹ새 故名如來니라."

중생의 눈에는 부처님께서 열반하시는 것처럼 보여도 이는 참 열반이 아니요, 중생과 멀지 않은 곳에서 함께 계시며 중생이 밝아지도록 늘 설법을 하신다고 합니다. 다음 글을 읽어 봅니다.

중생을 제도하기 위하여爲度衆生故

방편으로 열반을 나타내었으나方便現涅槃

실로 열반에 들지 아니하는 것而實不滅度

항상 이곳에서 머물며 설법한다常住此說法.

나는 항상 이곳에 머물러 있지만我常住於此

…

그대들은 가까이 있으나 보지 못하는데雖近而不見

…

중생들이 믿는 마음이 커지고衆生旣信伏

그 뜻이 부드럽고 연하게 되면質直意柔軟

…

그때 나는 보살들과時我及衆生

영취산에서 함께 출현할 것이다俱出靈鷲山.

〈법화경 여래수량품〉

부처님께서는 '가시지 않는다, 간절히 뵙고자 하면 나타나신다.'라고 하셨습니다. 탐욕, 성냄, 어리석음과 함께하면 부처님은 가까이 계신 듯해도 아주 멀고, 탐욕, 성냄, 어리석음을 부처님께 잘 바치면 항상 부처님은 우리와 함께하시며 우리를 편안하게 해 주십니다. 이렇게 해석하면 우리는 부처님께 잘 바치는 순간 언제나 부처님이 함께 계신 것을 느낄 수 있을 것입니다.

수보리여, 그대들은 고통 속에서 생로병사의 무상함無常으로 덧없음을 느끼며 산다. 그대들은 고통에서 벗어나 행복하기를 추구한다. 그러나 그대들의 본연의 모습은 참 아름다움이요, 영원한 행복이다. 그대들은 당연히 이 무한한 행복을 가질 권리가 있다. 현실이 주는 고통이란 그대들의 생각이 꾸며 놓은 한낱 허상일 뿐이다. 그대들은 이러한 고통의 의미를 모르니 고진감래라 하고, 슬픔의 날을 참고 견디면 기쁨의 날이 돌아오리니! 하면서 희망과 기대 속에서 살고 있다. 그러나 이런 사고방식을 가지고 있는 한, 참 행복을 얻기란 쉽지 않으리라不解我所說義.

수보리여, 고통에서 자유로울 수 있는 시간, 그리고 행복을 창조할 수 있는 시간은 미래에 있지 않다. 바로 지금, 바로 여기에 있다. 과거에 누구에게 당했던 불쾌한 생각이 떠오르거든 지금 그 생각을 부처님께 드려라. 드리는 순간 부처님이 함께하시며 고통은 사라지기 시작할 것이다. 그대들은 언젠가 들이닥칠 고난을 두려워하며 미리 공포에 떨고 있다. 미래에 대한 두려움을 부처님께 바쳐라. 그대들의 생각을 부처님께 바치는 순간부터 부처님이 함께하시어 그대들은 공포에서 헤어나며, 문제를 해결할 지혜가 임할 것이다.

부처님은 어디 가시지 않는다. 부처님께 바치는 그 사람의 마음에 항상 계시다. 그대들 마음의 문을 더욱 열어라. 그러면 부처님 말씀이 잘 들릴 것이다. 말씀을 잘 들어 보아라.

—
30

하나로 된 이치
一合理相分

"수보리여, 만일 삼천대천세계를 부수어서 미진을 만들면, 이 미진이 대단히 많지 않겠는가?"

"須菩提야, 若善男子善女人이 以三千大千世界를 碎爲微塵하면 於意云何오 是微塵衆이 寧爲多不아?"

이러한 해석은 언뜻 보면 마음 닦는 것과는 무관하게 보기 쉽습니다. 위 내용을 잘 해석하기 위하여 다음 〈유마경〉의 내용을 살펴보도록 합니다.

비야리성에 보적이라는 한 장자의 아들이 부처님께 사뢰어 여쭙기를 "부처님이시여, 원하옵니다. 부처님 국토의 청정함을 얻는 방법을 듣고자 합니다." 부처님께서 대답하시기를 "보적아, 보살이 정토를 얻으려면 마땅히 자신의 마음을 청정하게 가져야 할 것이니, 자신의 마음이 청정하면 곧 부처님의 국토가 청정하여지느니라."라고 말씀하셨다. 그때 사리불이 '보살의 마음이 청정하면 국토가 청정하여진다고 하셨는데, 부처님의 마음이 어찌 청정하지 않으신가! 그런데도 부처님이 계신 이 국토가 청정하지 못하니 왜 그러한가?' 하고 의심하는 마음을 갖자, 이를 아신 부처님께서 말씀하시기를 "해와 달이 어찌 청정하지 않을까만 눈먼 자가 스스로 보지 못하고 청정하지 않다고 말한다면 누구의 허물이냐?"고 하였다. "부처님이시여, 이는 눈먼 자의 허물이지 해와 달의 허물이 아닙니다."라고 사리불이 대답하였다. 그러자 부처님께서 "사리불이여, 부처님 국토가 장엄하고 청정함을 보지 못하는 것도 이와 같으니 이것은 부처님 잘못이 아니다. 사리불아, 내가 있는 이 국토는 청정하다. 그러나 네가 보지 못할 뿐이다."라고 말씀하셨다.

그때 나계 범왕이 사리불에게 말하기를 "존자여, 이렇게 청정한 국토를 청정하지 않다 여기지 마시오. 내가 보기엔 이 석가모니 부처님의 국토가 청정함이 마치 자재천궁 같습니다."라고 하자, 사리불은 "내가 보기에는 구덩이 가시덩굴 자갈 흙 돌 그리고 산들이 있는 이 국토는 더럽고 추악한 것들로 가득 차 있습니다."라고 대답하였다. 그러자 나계 범왕이 다시 "그것은 당신의 마음이 높고 낮은 차별(분별심)이 있기 때문에 청정하지 못하다고 보는 것입니다. 사리불이여, 마음이 청정하여 부처님의 지혜를 의지하면 곧 국토가 청정함을 볼 것입니다."라고 대답하였다.

이 〈유마경〉 내용으로 미루어 부처님의 말씀을 생각해 봅니다.

수보리여, 대부분 사람은 미진이나 세계에 대해 누가 설명한다면 이런 것이 실존한다고 믿으며 그 수량이 많고 적고를 헤아리게 된다. 그러나 수보리여, 세계나 미진이 실제 있다고 믿게 하는 것은 실은 중생이 무시겁으로 애욕과 증오를 연습한 결과로 인한 업보업장이다.

수보리여, 지금부터 그대들의 마음속에 사랑이나 미움을 부처님께 바쳐 보아라. 그때에도 미진이니 세계니 하는 말을 듣고 실재한다고 실감하며 많고 적음을 헤아리게 될까? 애증의 굴레에서 어느 정도 벗어난 사람이라면 미진이니 세계니 하는 이야기를 들을 때 그 내용을 따라가지 않음은 물론, 분석하거나 궁리하지도 않는다. 미진이니 세계니 하는 이야기가 실감 나게 들릴 때는 '내가 방심하여 애증의 죄업이 다시 동해서 이 이야기가 실감 나게 들리는구나.'라고 생각할 뿐이다.

"매우 많습니다. 부처님이시여, 만일 미진중이 실제로 존재하는 것이라면 부처님께서는 이것을 미진중이라 말씀하시지 않았을 것입니다. 왜냐하면, 부처님께서 말씀하신 미진중이라 하는 것은 미진중이 아니고 그 이름이 미진중이기 때문입니다."
"甚多니다. 世尊하, 何以故오 若是微塵衆이 實有者ㄴ데는 佛이 則不說是微塵衆이니 所以者何오 佛說微塵衆이 則非微塵衆일새 是名微塵衆이니이다."

수보리 존자는 다음과 같이 알기 쉽게 대답할 것입니다.

"부처님이시여, 마찬가지로 만일 어떤 사람이 '이 세계를 부수어 먼지를 만들면 그 먼지가 많을까?'라고 질문을 받았을 때, 그 사람의 마음속에 사랑과 미움이 있다면 먼지가 참 많다고 할 것입니다. 그러나 그 사람이 사랑과 미움을 부처님께 잘 바쳐 애증을 해탈하였다면 '애욕, 즉 아상이 있는 사람은 분별심이 있기에 미진이 퍽 많다고 생각하지만, 애욕이 없는 사람은 미진이 많다는 것이 한낱 분별심임을 잘 알기 때문에 많다고 보지 않습니다.'라고 대답할 것입니다.

만일 부처님 같은 분이 '이 세계를 다 부수어서 먼지를 만든다면 그 먼지가 많겠는가?'라는 질문을 받는다면 '부처님의 인식 세계에 무슨 먼지나 세계가 존재하겠습니까? 부처님께서 먼지니 세계니 말씀하신 것은, 실은 중생을 먼지니 세계니 하는 애증과 고해의 세계에서 구제하여 극락세계로 가도록 일부러 중생의 용심으로 하신 말씀일 뿐입니다.'라고 할 것입니다."

"부처님이시여, 부처님께서 말씀하신 삼천대천세계라고 하는 것은 삼천대천세계가 아니고 이름이 삼천대천세계이니,"
"世尊하, 如來所說 三千大千世界가 則非世界ㄹ새 是名世界니"

중생은 이 세계가 꼭 존재하는 것처럼 생각합니다. 하지만 중생이 생각하는 세계란 사랑이나 미움이 원인이 되어 이루어진, 분별심이 만든 가공의 세계일 뿐 실제로는 없습니다. 분별심이 이루어낸 것은 모두 참이 아니기 때문입니다. 그러나 부처님께서 말씀하신 세계는 가공의 세계가 아니고 분명히 그리고 영원히 존재하는 세계이며 즐거운 극락세계입니다. 따라서 수보리 존자는 다음과 같이 말씀하여 중생에게 희망을 주고 부처님의 법식을 일깨워 주고 싶었을 것입니다.

"부처님께서 말씀하시는 세계는 중생이 생각하는 세계와 다릅니다. 그 세계는 중생이 생각할 수 있는, 애욕으로 궁리하는 가공의 세계가 아닙니다. 형상이 없기에 중생으로서는 불가사의하지만 분명 존재하며 정말 즐겁고 실감 나는 영원한 극락세계입니다."

"왜냐하면, 만일 세계가 실제로 있는 것이라면 곧 하나로 합해진 모양 '일합상'이 될 것이니, 부처님께서 이야기하신 일합상은 곧 일합상이 아니고 그 이름이 일합상이기 때문입니다."
"何以故오 若世界가 實有者ㄴ데는 則是一合相이니 如來說 一合相은 則非一合相일새 是名一合相이니이다."

"부처님이시여, 만일 중생이 생각하는 세계가 그들의 생각처럼 참으로 존재한다고 생각해 보십시오一合相. 참으로 존재한다면 그것이 물건이든 마음이든 자신의 생각, 즉 인식 세계를 떠나서도 존재해야 하고 실체가 있어야 할 것입니다. 그러나 이처럼 인식 세계를 떠나 존재하고 실체가 있다면 그것은 분명 물건은 아닐 것이고 마음도 아닐 터이니 도道라 해야 옳습니다. 그러나 이 도란 모양이 없을 것이니 억지로 이름하여 도라 할 뿐입니다."

"수보리여, 일합상이라고 하는 것은 가히 말할 수 없는 것인데 범부들이 그것에 탐착하는구나."

"須菩提야, 一合相者는 則是不可說이언마는 但凡夫之人이 貪着其事니라."

부처님께서 잘 알아듣지 못하는 사람들을 위하여 이렇게 친절하게 풀어서 설명하시리라 생각해 봅니다.

수보리여, 대답 잘했다. 일합상이란 도道와 같다. 도란 그대들이 잘 실감하지 못하여도 영원히 존재하고, 깨친 사람에게는 참으로 실감이 난다. 일합상 또한 그러하다.

일합상이란 이처럼 우주 인생의 근본이니 어찌 애욕에 오염된 중생의 말로써 설명할 수 있으며, 미움으로 뒤덮인 생각의 잣대로 잴 수 있겠느냐? 중생이 진리를 파악하는 도구라 할 수 있는 언어나 생각은 모두 애욕이나 미움의 산물이니라. 언어와 생각으로는 일합상을 파악하기 어려우리라. 자신의 생각이 잘못된 줄 알고 그 생각을 부처님께 잘 바쳐 참회하라.

31

분별심을 내지 마라

知見不生分

"수보리여, 만일 어떤 사람이 부처님께서 아견 인견 중생견 수자견을 말씀하셨다고 한다면, 이 사람은 부처님의 뜻을 제대로 해석한 것이냐?"

"須菩提야, 若人이 言佛說 我見 人見 衆生見 壽者見이라하면 須菩提야, 於意云何오 是人이 解我所說義不아?"

이 해석은 부처님의 진의를 제대로 전달하기 어렵다고 생각되어, 다음과 같이 해석해 보았습니다.

수보리여, 그대 마음속의 나와 남을 다르게 보는 분별심을 부처님께 바치라고 하였다. 또 무주상 보시하라고도 하였다. 그리고 때로는 화내는 모습, 병든 모습, 그 외 중생이 이해하기 어려운 모습을 나타내기도 하였다.

수보리여, 만일 어떤 사람이 이런 모습을 보고 '부처님께서 나와 남이라는 생각을 없애는 방법을 말씀하셨구나. 또 때로는 화난 모습, 병약한 모습 그리고 이해하기 어려운 모습도 나타내신다.'고 생각한다면, 이 사람은 부처님의 뜻을 잘 이해하였다 할 수 있겠는가?

"그렇지 않습니다. 부처님이시여, 이 사람은 부처님께서 말씀하신 뜻을 제대로 해석하지 못했습니다. 왜냐하면, 부처님께서 말씀하시는 아견 인견 중생견 수자견은 우리가 생각하는 아견 인견 중생견 수자견이 아니고, 이름이 아견 인견 중생견 수자견이기 때문입니다."

"不也니다. 世尊하, 是人은 不解如來所說義니 何以故오 世尊하, 說我見 人見 衆生見 壽者見은 卽非我見 人見 衆生見 壽者見일새 是名我見 人見 衆生見 壽者見이니이다."

수보리 존자는 "그렇지 않습니다."라고 하며 이어서 설명합니다.

"부처님께서 비록 이런저런 용어를 쓰셨고 때로는 중생이 이해할 수 없는 여러 모습을 보이시지만, 이것은 '나와 남', '병이나 허약함'이 실제로 존재하기 때문에 그러한 말씀이나 행동을 하시는 것은 아닙니다. 나와 남은 부처님에게는 다 꿈과 같으며 없습니다. 하지만 중생을 이러한 견해에서 벗어나서 무한한 자유와 행복을 얻게 하려고, 부득이 꼭 있는 것처럼 그런 용어를 사용하셨을 것입니다.

또 부처님께서 화내는 모습을 보이시거나 병약한 모습을 보이시는 것은 부처님께서 진심이 있기 때문이 아니요, 그 병약의 원인이 스트레스도 물론 아닙니다. 탐진치의 모습을 나타내시어 중생을 밝게 해 주시려는 자비심입니다. 부처님께서는 일체의 희로애락과 언어가 필요 없는 완전한 신神입니다. 그러나 부처님께서 일부러 애증의 감정을 나타내시고, 인간의 용어를 사용하시며, 인간답고 불완전한 모습을 보이시기에, 중생이 친근하게 느끼고 믿는 마음을 내게 됩니다.

부처님의 다양한 말씀이나 인간 냄새가 물씬 풍기는 감정들은 다 중생을 밝게 해 주시려는 마음에서 꾸미신 연극일 뿐이며, 부처님의 본 마음과는 전혀 관계가 없습니다. 부처님께서 말씀하시고 행동하시는 모든 것은 실은 아무 근거가 없는 것인데, 중생이 무량한 죄업으로 보는 눈이 어두워져 꼭 무슨 근거가 있는 것으로 착각하는 것입니다."

"수보리여, 아누다라삼막삼보리의 마음을 낸 사람은 모든 일을 대함에 있어 마땅히 이와 같이 알고, 이와 같이 보며, 이와 같이 믿고 해석하여 법상을 내지 말 것이다. 수보리여, 내가 법상이라고 했지만 법상이 있어서 법상이라고 한 것이 아니다. 없지만 그 이름이 법상이다."

"須菩提야, 發阿耨多羅三藐三菩提心者는 於一切法에 應如是知며 如是見이며 如是信解하야 不生法相이니라. 須菩提야, 所言法相者는 如來說 卽非法相이 是名法相이니라."

수보리여, 아누다라삼막삼보리의 마음을 낸 사람이란 자신과 부처님이 다르지 않음을 자각한 사람, 또 자신과 중생이 다르지 않음을 자각한 사람을 말한다. 따라서 그들이 하는 일은 아상을 소멸하고 부처님을 시봉하는 일밖에 없다. 그는 대부분의 세상 사람처럼 부귀영화나 건강, 또 자신의 발전을 위해서 어떤 행위도 하지 않는다. 그들은 자신을 위하기보다는 부처님 기쁘게 해 드리기 위하여 일하며, 이것이 자신을 위해서도 최상의 선택임을 잘 안다.

겉으로 보기에는 아누다라삼막삼보리의 마음을 낸 사람도 열심히 생업에 종사하며 자신의 발전을 위해서 무엇을 추구하는 것처럼 보일 수도 있다. 그러나 생업에 종사하여도 자신의 영리를 취하기 위하여 경영에 참여하는 것이 아니라, 부처님 기쁘게 해 드릴 일을 하는 데 그 목적이 있다. 부처님을 기쁘게 해 드리는 일에는 중생을 밝게 하는 각종 불사도 있고 자신의 미진한 탐진치를 닦아 해탈하는 일도 있을 것이다.

수보리여, 아누다라삼막삼보리의 마음을 낸 사람은 경영에 참여하여 돈을 벌어도 경영이 분별이며 본래 없는 줄 알아 오만하지 않다. 부처님을 기쁘게 할 각종 불사를 하여도 불사 또한 분별이어서 실은 불사라 할 것도 없으며, 성취 또한 분별이니 성취했다거나 깨쳤다고 자만심을 낼 것이 하나도 없는 줄 잘 안다. 그는 항상 겸손하고 하심하며 모든 사람을 부처님으로 보아 어떠한 경우라도 조금의 자만심도 내지 않는다. 그의 마음에는 자만심이라는 법상法相은 아예 없다.

—

32

응신과 화신이 참이 아니다

應化非眞分

"수보리여, 만일 어떤 사람이 헤아릴 수없이 많은 세계에 가득
찬 칠보로 보시하고,"

"須菩提야, 若有人이 以滿無量阿僧祇 世界七寶로 持用布施하고"

이 부처님 말씀을 구체적으로 풀어 해석해 봅니다.

수보리여, 보통 사람의 마음속에는 으레 사랑이 있고 미움이 있
다. 어떤 사람이 마음속에 사랑과 미움을 가지는 것이 재앙의 근본
임을 깊이 깨닫고, 부처님의 가르침이 참 좋은 것을 알아 수도의 마
음을 내며, 베푸는 선행을 수없이 많이 하였다고 하자. 그러나 수보
리여, 그 사람이 자신과 부처님, 자신과 남이 다르지 않다는 불이不
二의 진리를 깨닫지 못하였다면, 무량한 세계에 가득 찬 칠보를 베

푸는 선행을 많이 하였어도 생로병사의 윤회를 극복하지 못함은 물론이며, 그 휘황찬란한 복 속에 항상 근심 걱정이 있으리라.

"또 어떤 보살의 마음을 낸 사람이"
"若有善男子善女人이 發菩薩心者"

수보리여, 보살이란 자신과 부처님이 다르지 않은 존재임을 깨달은 사람이기에 부처님을 자신의 생명처럼 여긴다. 그는 보시의 선행은 물론, 밥을 먹는 것이나 잠을 자는 것까지도 모두 부처님 기쁘게 해 드리기 위해서 할 뿐이다. 또 아상이 소멸하였기에 근심 걱정을 평화와 다르지 않게 보고 괴로움과 안락함을 다르지 않게 생각한다.

"이 경 또는 사구게등을 수지독송하여 다른 사람들에게 이야기 해 준다면, 이 사람의 복덕은 먼저 사람이 얻는 복덕보다 더 많다."
"持於此經에 乃至 四句偈等을 受持讀誦하야 爲人演說하면 其福이 勝彼니"

수보리여, 보살이 자신의 생각을 부처님께 잘 바칠 때 생사가 변해 열반이 되고 번뇌가 변해 보리菩提, 즉 깨달음이 된다는 희유한 말씀이 담긴 금강경을 수지독송한다면, 더욱 아상이 소멸하고 마침내 그는 신인합일神人合一의 최고의 행복을 얻을 수 있게 될 것이니, 이 보살이 얻는 복덕은 한량없는 세계에 가득 찬 칠보를 보시한 복덕보다 훨씬 많다 할 것이다.

"다만 다른 사람에게 이야기하되 상에 집착하지 말고 흔들림이
없어야 한다. 왜냐하면,
우리의 모든 생각은 꿈이나 탈바가지와 같아 참이 아니며,
물거품이나 그림자, 이슬이나 번개처럼 허망하기 때문이니라."
부처님께서 이 금강경을 설하시니 장로 수보리와 비구, 비구니,
남자신도, 여자신도 그리고 하늘나라 사람, 아수라 등 모두 부
처님의 말씀을 듣고 크게 환희심을 내어 수지독송하고 실천하
였다.
"云何爲人演說고 不取於相하야 如如不動이니라. 何以故오
一切有爲法이 如夢幻泡影이며
如露亦如電이니 應作如是觀이니라."
佛說 是經已하시니 長老須菩提와 及諸 比丘 比丘尼 優婆塞 優婆
夷 一切世間天人 阿修羅 聞佛所說하고 皆大歡喜하야 信受奉行하
니라.

보살은 '나'라는 생각이 없기에 자신과 부처님이 다르지 않은 존재
이며 자신과 남 또한 다르지 않은 존재임을 깨달았다. 남의 괴로움
이 자신의 괴로움과 다르지 않으며, 남의 행복이 자신의 행복과 다
르지 않음을 알기에, 그들의 마음에는 한량없는 자비심이 나온다.
그는 고통스러워하는 사람이나 밝아지고자 하는 사람을 만나면 불
이不二의 진리가 담긴 가르침인 금강경을 이야기해 준다. 그는 지혜

로워서 함부로 이야기하지 않으며, 마음이 받아들일 준비가 되었을 때 자연스럽게 이야기할 뿐이다. 들뜨거나 설쳐가며 법문할 이유도 없고 이것만이 진리이며 이것이 꼭 옳다고 주장하지도 않는다.

수보리여, 보살의 마음을 낸 사람의 용심을 보아라.
심각한 고민이나 역경이라 생각되는 것도一切有爲法
꿈과 같고 탈바가지와 같아 허망함을 알고如夢幻泡影
위험한 상황이 발전의 기회와 다르지 않음을 알아
위기가 올 때 오히려 빙그레 웃는다.

성공했다거나 평화롭다는 생각도
잠시 맺히는 아침 이슬과 같음을 알고如露亦如電
이를 가짐이 재앙의 근본이 됨을 알아
참회하고 단속하며 향상심을 가진다應作如是觀.

수보리여, 이 사람은 한량없는 물질적 복도 받으려니와, 정신적으로 근심 걱정 등 일체 재앙에서 벗어나 결국 부처님처럼 밝아지리라.

금강경의 마지막 장에 금강경의 결론이 담겨있다 할 것인데, 다음의 간단한 시구로 금강경의 핵심 내용을 다시 정리해 봅니다.

부처님께서 금강경을 말씀하신 것은
중생 세계에서 정말로 획기적인 일.

이 말씀으로 모든 범부가 성인 되고
이 가르침으로 모든 괴로움이 사라지고
이를 실행하여 모든 빈곤 없어지네.

우리는 언제인가 제정신 잃어버리고
부처님 곁을 떠나 한량없이 고생했네.
탐욕, 성냄, 어리석음
힘써 부처님께 드리고 아상 소멸하여
제정신 찾고 참나를 발견하네.

제정신 찾고 보니
번뇌와 보리 다르지 않고
중생과 부처 다르지 않아.
세속의 길, 열반의 길 달리 알고
그리스도교, 불교 다르다 본 것
다 꿈꾼 듯 착각임을 확실히 알겠네.

아상이 소멸한 곳, 부처님이 계신 곳我
무상함이 본래 없고 영원함이 함께하며常
모든 괴로움 사라지고 즐거움이 충만하며樂
길이길이 행복하여 극락세계 이룩하며淨
무지 모두 사라지고 밝은 지혜 충만하네.

不二의 가르침, 불경과 성경

•

불경과 성경의 불이의 가르침을 일일이 다 쓰거나 찾을 수는 없겠지만 아상소멸이나 기도의 힘, 자비의 마음, 진실한 신심 등 적절한 예를 한곳으로 모아 정리하였습니다.

	불경		성경
금강경 3분	돌아온 탕자, 법화경	누가복음 15장	돌아온 탕자
금강경 6분	"지아설법 여벌유자" ■부처님의 가르침은 그대들을 밝게 해주고 구제하는 데 필요한 수단일 뿐, 그대들이 지켜야 하는 목표가 될 수 없다. 밝아지는 데 도움이 되는 과정일 뿐이다. ■부처님의 자비정신과 위대성	〈침묵〉 로드리고 신부	■일본 천주교 박해 당시 예수님 성화를 밟고 지나가는 고문 그림 속의 예수님은 침묵을 깨고 "나를 밟아도 좋다." 하셨습니다. ■성인의 마음, 자비의 정신
금강경 10분	"불설비신 시명대신" ■몸 아님이 큰 몸이라. ■불가사의한 위대한 일은 아상이 소멸된 마음으로 가능하다.	〈기도의 힘〉 데니스 존스	내가 없는 기도 ■불타는 트럭에서 기도로 초인적인 힘을 발휘하여 사람을 구한 이야기
금강경 13분	금강경 수지독송의 공덕 ■밝은이가 가르쳐 주시는 아상소멸의 글귀를 믿음으로 쉬지 말고 염송하여라. 아상이 소멸하고 불가사의한 공덕을 체험하리라.	영적 삶을 풍요롭게 하는 기도	쉬지말고 기도하라 ■"주 예수 그리스도 나에게 자비를 베푸소서"를 하루에 만 번 이상 실천하여 기쁨과 지혜를 얻은 수기

	불경		성경
금강경 15분	대승과 소승 ■소승자는 자신의 문제와 고통, 구원에 관심 ■대승자는 부처님 뜻을 따라 기쁘게 해 드리는 불사에 관심	출가의 의의 신부와 승려	"예수님께서는 나를 위해 부모와 아내 자녀 형제자매를 떠나라 하셨다." 하는 신부의 강설을 듣고 승려가 됨
금강경 17분	"아응멸도 일체중생" 자신의 생각이 모두 옳지 않은 줄 알고 부처님께 잘 바쳐라. 부처님께 바치는 순간부터 어두컴컴한 아상의 그림자는 사라지고 그 대신 밝은 부처님 광명이 함께할 것이다.	시편 55장 22절	네 짐을 여호와께 맡기라. 그가 너를 붙드시고 의인의 요동함을 영원히 허락하지 아니하시리로다.
금강경 17분	원효 스님 이야기 "철저히 티 내지 말고 행동하라."	마태복음 6장 3절	자선을 베풀 때에는 오른손이 하는 일을 왼손이 모르게 하여라.
금강경 17분	"구경무아究竟無我" 결국 나라는 것은 없다. 아상을 소멸하여야 절대적 가치를 얻을 수 있다. 관념에 빠지지 마라. 관념이라는 아상이 소멸할 때 그것이 곧 실질적 가치가 있는 현실이 되리라.	요한복음 12장 24~25절	내가 진실로 진실로 너희에게 이르노니 한 알의 밀이 땅에 떨어져 죽지 아니하면 한 알 그대로 있고 죽으면 많은 열매를 맺느니라. 자기의 생명을 사랑하는 자는 잃어버릴 것이요. 이 세상에서 자기의 생명을 미워하는 자는 영생하도록 보전하리라.

불경		성경	
금강경 18분	"과거심 불가득 현재심 불가 득 미래심 불가득" 과거에 마음을 두지 않고 미 래 또한 생각지 않고 현재 에 올라오는 생각을 부처님 께 바치는 연습을 하는 것 은, 실질적 가치나 절대적 가 치를 창조하는 것이며 이는 부처님 뜻을 받들며 사는 것 과 다름이 없다. 따라서 그들 의 미래는 완전하며 길이 행 복하리라.	마태복음 6장 31~34절	그러므로 염려하여 이르기를 무엇을 먹을까 무엇을 마실 까 무엇을 입을까 하지 말라. 이는 다 이방인들이 구하는 것이라. 너희 하늘 아버지께 서 이 모든 것이 너희에게 있 어야 할 줄을 아시느니라. 그런즉 너희는 먼저 그의 나 라와 그의 의를 구하라. 그리 하면 이 모든 것을 너희에게 더하시리라. 그러므로 내일 일을 위하여 염려하지 말라. 내일 일은 내 일이 염려할 것이요, 한 날의 괴로움은 그날로 족하니라.
금강경 18분, 21분	"무법가설 시명설법" "무법가설 여래자 즉제법 여의" 아상이 없는 부처님이나 보 살들은 부처님 뜻대로 살기 를 권합니다.	누가복음 22장 42절	아버지여, 만일 아버지의 뜻 이거든 이 잔을 내게서 옮기 시옵소서. 그러나 내 원대로 마시옵고 아버지의 원대로 되기를 원 하나이다.

시로 보는 금강반야바라밀경

●

기수급고독원에서

새벽 3시 한밤중이지만
맑은 하늘에 수많은 별이 새롭고
휴대 전등을 가지지 않아도
숲속의 길 환히 보이고
촛불 켜지 아니하여도
금강경 글자 또렷이 보입니다.

기수급고독원의 옛 절 다 없어지고
수많은 대중이 들끓던 모습 사라졌으며
아난이 심었다는 보리수 사이로
원숭이들이 오르락내리락하지만
그러나 그 중에
세월의 허무만 있지 아니합니다.

아무도 지나지 않는 고요한 아침
만리 이역의 고장인데도

낯선 것 같지 않습니다.
털옷 아니 입고 모자 아니 써도
서울처럼 춥지 아니한 것
남쪽 나라 때문만도 아닌 듯 합니다.

금강경 독송할 때
부처님과 수보리의 대화 속에
2500여 년 시간의 벽 조금씩 무너지고
무상의 발자취 사라져
기쁨이 넘칩니다.
하나가 됩니다.

- 제1 법회인유분

모를 것도 괴로울 것도 없더라

수많은 걱정, 근심, 괴로운 일로
한순간도 편한 날이 없었습니다.
부처님께 바치라는 금강경 말씀 따라
바치고 또 바치고 쉴 새 없이 바쳤습니다.

도저히 아니 바쳐질 것 같은 근심, 걱정,
영원히 아니 되어질 것 같은 수많은 난제
바치면 또 튀어나오고 바치면 또 튀어나오고
그런데 정성이 통했던가 갑자기 문제가 없어졌습니다.

부처님의 선물도, 기적도 아니고
진실한 신심과 성의 있는 실천으로
이기심이 줄어든 것, 탐진치 소멸한 것
아상이 없어진 것, 내가 바뀐 것

외부의 상황 하나 변한 것 없어도
근심 걱정 착각인 줄 알고 즐거워졌고
아니 될 일, 어려운 일 저절로 없어져
즐겁고 희망 넘치고 세상이 보입니다.

모든 화려한 보배, 구족한 부처님의 세계
마음속에 있다는 부처님 말씀 실감하고
바쳐야 할 각종 번뇌 또한 착각이니
실무중생 득멸도자 말씀 깨칩니다.

– 제3 대승정종분

부처님께 모든 생각을 바쳐라

아개영입 무여열반 이멸도지,
모든 생각 부처님께 바치라는 말씀일세.

근심 걱정 다 바치면 부처님은 다 받으시어
평안 얻고 법열 얻어 모든 고통 해탈하네.

부처님께 바치는 순간 부처님과 함께하니
이는 그리스도교와 다르지 않아,
부처님을 절대 공경하니 무신론이라 할 수 없고,
부처님 뜻대로 이루어지니 자력 종교라 할 수 없네.

유신론이면 어떠하고, 타력이면 어떠한가.
탐진치와 멀어지고 마음이 평온하고
분별심이 줄어들면 이 아니 정법인가.

유신론 무신론 모두 정확한 답 아니며
자력 타력, 모두 아상이 만든 허구의 작품.

아상이 없는 것만이 오직 진실이라면
두 손 모아 정성스럽게 부처님 공경하세.

- 제3 대승정종분

부처님 기쁘게 해 드리려고 보시하라

무주상 보시는 집착 없는 보시라 해석하는데
제아무리 집착 없는 보시를 하려 하여도
집착심에 빙의憑依된 중생에겐 불가능한 말씀이라.
이기심과 선입견의 뿌리 제거할 수 없고,
마침내 행복의 길, 깨달음의 길 갈 수 없네.

어떤 밝은 선지식은
집착 없이 보시하여라 말씀하지 않으시고
내 생각에 따라 보시하는 것 다 상에 주함이니
부처님 뜻을 따라 기쁘게 해 드리려고 보시하여라,
결코 내가 한다 하지 말라 하셨네.

– 제4 묘행무주분

분별 없이 일심으로 시봉하라

고통으로 신음하는 중생에게는
고통을 면하도록 하셨고,
마음의 한이 많은 중생에게는
한을 풀어 주는 법비 내리시네.

극락세계 찬양하는
아미타불 염송을 권하시며
관음보살을 소개하여
자비심을 가르치시고
유마경을 통해
불이법문不二法門 제시하시지만

이 모든 법문, 실은 다 한 맛이라
본질적으로 다르지 아니하니,
중생의 용심用心 따라
다르게 표현되나
부처님의 자비 광명 다르지 않네.

성경 말씀, 논어 이야기
다른 듯 보이지만

어두운 사람들 밝게 해 주시려는
성인의 뜻이
사람들의 용심과 분위기 따라
다르게 표현된 것

그 근본은 오직 하나,
밝음
아무 분별 내지 말고
일심으로 성인을 시봉하자.

옳은 것도 버리고
진리도 버리고
모든 사람 다 부처님으로 보라는
금강경 가르침만 따른다면

종교의 모든 장벽 무너지고
마음에 걸림 없고
한없는 기쁨과 평화 속에
최고의 행복 도달하네.

– 제7 무득무설분

부처님 기뻐하실 일 즐거이 하여 보세

천재가 따로 있나 즐겨 공부하세.
부자가 되려거든 일하기 즐겨하세.
외롭지 않으려면 남 돕기 즐겨하고,
행복 속에 살려거든 감사를 즐겨하세.

절대적 가치인 깨달음 원하여도,
다른 방법 있지 아니하네.
내가 깨닫겠다고 하지 말고,
부처님 기뻐하실 일 즐거이 하여 보세.

– 제10 장엄정토분

탐진치

탐貪

본능대로 사는 것 쉬운 일이지만 괴로우며,

부처님 뜻 시봉의 일, 희생이나 행복이네.

진瞋

불평하며 사는 일 자연스러우나 재앙이요,

모든 일에 감사함은 어려우나 축복일세.

치癡

나 잘난 것 과시하면 재미있으나 어두웁고,

부처님 기쁘게 해 드리면 기쁨 얻고 밝아지네.

- 제10 장엄정토분

모두 기뻐하고 공경하네

부처님 잘 향하면
아상의 벽 허물어져,
법의 향기 진동하고
인연 중생에 전달되네.

나무들이 알아 듣고
산새들이 소식 알고,
들짐승도 알아 보고
모르는 사람들도 기뻐하네.

덕은 결코 외롭지 않아德不孤
반드시 이웃이 있다는 말씀처럼必有隣
일체의 천인아수라도
다 공경하네.

금강경 잘 읽으면
시공을 뛰어넘어,
온누리에 두루 미치는 밝은 빛,
모든 중생 찬양하네.

　- 제12 존중정교분

불경불포불외

경을 들으면 환희심 날 텐데
불경불포불외가 웬일일까?
사람들은 의아해하네.

아상은 몇 겹, 정체 알기 어려워
아상 속에 인상 있고
인상 속에 중생상 수자상 있네.

수도의 과정에서
한 껍질 한 껍질 벗을 때마다
이해하기 힘든 현상 나타나고,

큰 깨달음을 얻기 전에
죽음과 같은 큰 두려움
체험하는 사람 많네.

수행의 과정에서
공포를 체험함은 아상의 소멸 과정
이상할 것 하나 없네.

부처님께 복 지은 사람

불경불포불외 실현하고

마침내 큰 깨달음 얻어

천·인·아수라 모두 찬탄하네.

　- 제14 이상적멸분

무실무허

자꾸자꾸 달라 하면 더욱 얻지 못하고
두루두루 주려 하면 도리어 많이 얻네.
남 흉보기 좋아함은 마음속 진심의 탓
흉볼 때 시원해도 지나가면 허탈하네.

사람들에게 경천 당해도 여여부동하다면
성인들이 칭찬하고 무연환희無緣歡喜 샘솟네.
세상이 잘못이라 원인분석 하지 말고
제 마음에 분별 쉬면 도처가 극락일세.

잘난 마음 지속하면 지혜의 싹 소멸하며
배우는 맘 연습하면 지혜 광명 비추네.
세상의 모든 이치, 둘이 아니며
유실有實이 알찬 듯해도 실로는 무력하며
무실無實이면 무력無力인 듯 한없이 위력 있네.

무실무허 성인의 뜻 잘 받들어 실행하면
부처님을 닮아가며 드디어는 성불하네.

– 제14 이상적멸분

수지독송의 기쁨

뜻 모르고 경 읽어도 부처님 향해져
아상이 줄어들고 마음이 상쾌하네.
뜻 알고 경 읽으며 부처님 공경 함께 하면

아상의 벽 무너진 틈 부처님 광명 비추고,
재앙은 소멸하고 소원이 성취되며
마음속은 항상 기쁨, 최상의 행복 얻네.

아상이 사라진 곳 선입견 소멸되어
지혜가 충만하고 큰 불사 이룩하며,
자비심 두루 갖춰 많은 중생 도와주네.

금강경 책만 보아도 마음 절로 쉬고,
부처님 더욱 닮아 무량공덕 이룩하며,
부처님의 결정 얻어 큰 밝음 성취하네.

    – 제14 이상적멸분

그대로 믿으면 공덕이 함께하리

부처님께서 결정하신 법, 참으로 감사하여라.
어둠 속에서 광명의 빛 찾을 수 있고
불가능 속에서 '가능'의 희망 찾네.

논리가 없고 근거 없다 하여도
부처님의 말씀 분별의 대상 아니며
경험을 말씀하시면 그대로 믿고
비유로 설명하시면 즐겁게 받아들이고
자신의 경험과 다르고 상식과 달라도
의심하거나 분별심을 내지 마세.

본래 부처 모양이 영험한 것 아니요,
도인 계신 절에 부처님이 영험하듯,
좋은 말씀이 공덕이 아니라
부처님이 말씀하셨으니 공덕이라.

부처님 아니 계시면 불법 아니니
말이 화려해도 그 말만 따르지 말라.
'금강경' 하는 소리에도 신심 낼 때
참 공덕이 함께하리.

– 제15 지경공덕분

수도란 고향에 돌아가 부처님 만나기

죄가 많다고 참회하는 순수한 티벳의 스님
그 스님보다 더 나을 자신이 없다면
누구나 많은 죄를 지었을 것입니다.
이것이 무시겁 업보업장이라 할 터인데
그리스도교의 원죄와 다르지 않아 보입니다.

이것 때문에 무상을 느끼고
이것 때문에 온갖 고통을 느끼고
이로부터 근심 걱정 생기며
종교의 필요성을 느끼고
수도를 하게 됩니다.

수도의 목표인 깨달음이란
자기 죄가 없어지고 아상이 소멸되는 것.
병적인 착각 증세가 사라지며
제정신 돌아와 정신이 건강해지고
고향에 돌아와 부처님 만나는 것입니다.

모든 생각 부처님께 바치는 일 실천하면
경천을 당함으로 경천인연 해탈하고

근심 걱정을 통하여 참 행복을 찾게 되고

아상 속에서 참나를 찾으니

승과 속이 다르지 않고

정법과 사법을 구분하지 않습니다.

- 제16 능정업장분

실제로 공부하라

실제는 없는 '공부'라는 말을 만들고 그 이름에 집착하며,
'성취 하겠다' 말만 하며 실제로 공부하지 아니하고,
'왜 아니 될까' 하면서도 실제로 공부하지 아니한다.
약간 공부가 진행되는 것처럼 보일 때,
다 된 것으로 오인해 쉽게 자만해 버린다.

이 모두 실질 아닌 허구의 삶,
허구를 연습하면 지혜는 점점 어두워지고,
인생은 점점 모르겠는데 어느덧 죽음은 다가온다.
이것을 되풀이하는 것이 윤회의 삶,
지혜는 성장하지 아니하고 나의 진면목은 모른다.

그러나 공부를 참 좋아하는 사람은,
'하겠다' 설치지 않고,
'왜 아니 되느냐' 투정 부리지도 않는다.
공부라는 이름에 집착하지 않고 실제로 공부한다.
공부의 맛을 알게 되고 기쁨이 넘친다.
행복해진다.

사물의 윤곽이 점차 뚜렷이 드러나고 지혜로워져서,
즐거움 속에서 영적 성장 이룩한다.
이 큰일은 세상 사람들의 큰일과 다르다.
실제로 큰일이요, 참 지혜가 바탕이다.

부처님 사업은 실제로 큰일, 내 말을 굳게 믿고
부처님 전에 복 많이 짓기를 발원하여라.

– 제17 구경무아분

그대 생애 최고의 시간, 지금

진선미성인眞善美聖仁
인간이 생각하는 최고의 가치이나
실로는 허구의 작품, 다 상대적 가치
무상하여 믿을 수 없네.

근심 걱정 우울한 짐 다 내려놓고
평화롭고 즐거우며 영원성 있는 이 맛을 보아라.
아상의 귀신 몰아내고 부처님과 함께하라.

이 밝은 빛이 보이느냐.
받을 준비를 하고 있느냐?
지금은 그대 생애의 최고의 시간
다시 그런 기회가 없으니
卽時現今 更無時節,

이 자리에서 주인공이 되어
영원한 행복 누리어라.
隨處作主 立處皆眞

　－ 제20 이색이상분

모두 부처님께 바쳐라

그대들의 본래 모습, 참나를 찾으려면
겉모양 따르지 말고 자기자신을 관찰하라.
근심, 걱정, 외로운 마음, 고달픈 마음, 열등감
모두 참나의 모습 아니니 부처님께 바쳐라.

금강경 지송하고 부지런히 바치는 연습하면
근심, 걱정, 외로운 마음 어느덧 사라지고
기쁜 마음, 씩씩한 마음으로 행복이 솟구친다.
주위 사람 항상 웃고 열등감 사라진다.

재앙이 소멸되며 하는 일이 잘 풀리고
마음은 언제나 푸르고, 온 세상 부처님 얼굴
내가 바뀌고 세상이 바뀌며
기적이 창조되고 금강경이 실감 난다.

그러나 좋은 감感이 남아 있는 한
본고장에 온 것 아니고
부처님과 함께하지 못한 것
금강경 읽고 또 읽으며 그 마음 바치어라.

기쁨의 감도, 행복의 감도 다 바치고
평화의 감도, 거룩한 감도 다 바쳐 무심이 되고
무심 또한 바쳐질 때 부처님과 함께하는 것
참 본고장에 온 것이다.

— 제26 법신비상분

보살의 마음은

수보리여, 보살의 마음을 낸 사람의 용심을 보아라.
심각한 고민이나 역경이라 생각되는 것도一切有爲法
꿈과 같고 탈바가지와 같아 허망함을 알고如夢幻泡影
위험한 상황이 발전의 기회와 다르지 않음을 알아
위기가 올 때 오히려 빙그레 웃는다.

성공했다거나 평화롭다는 생각도
잠시 맺히는 아침 이슬과 같음을 알고如露亦如電
이를 가짐이 재앙의 근본이 됨을 알아
참회하고 단속하며 향상심을 가진다應作如是觀.

– 제32 응화비진분

금강경을 수지독송하라

부처님께서 금강경을 말씀하신 것은
중생 세계에서 정말로 획기적인 일.
이 말씀으로 모든 범부가 성인 되고
이 가르침으로 모든 괴로움이 사라지고
이를 실행하여 모든 빈곤 없어지네.

우리는 언제인가 제정신 잃어버리고
부처님 곁을 떠나 한량없이 고생했네.
탐욕, 성냄, 어리석음
힘써 부처님께 드리고 아상 소멸하여
제정신 찾고 참나를 발견하네.

제정신 찾고 보니
번뇌와 보리 다르지 않고
중생과 부처 다르지 않아.
세속의 길, 열반의 길 달리 알고
그리스도교, 불교 다르다 본 것
다 꿈꾼 듯 착각임을 확실히 알겠네.

아상이 소멸한 곳, 부처님이 계신 곳我

무상함이 본래 없고 영원함이 함께하며常

모든 괴로움 사라지고 즐거움이 충만하며樂

길이길이 행복하여 극락세계 이룩하며淨

무지 모두 사라지고 밝은 지혜 충만하네.

크리스천과 함께 읽는 금강경

초판 발행일 | 2005년 5월 1일
개정증보 초판 1쇄 발행일 | 2021년 12월 25일
개정증보 2판 1쇄 발행일 | 2024년 10월 15일

저자 | 김원수

발행처 | 도서출판 바른법연구원
주소 | 서울시 마포구 망원로 10길 21
등록번호 | 540-90-01473
등록일자 | 2020년 9월 1일
구입 및 법보시 문의 | 031-963-2871

네이버 카페명 | 백성욱박사 교육문화재단
유튜브 채널명 | 백성욱박사 교육문화재단

ⓒ 2024, 김원수

ISBN 979-11-987476-2-4 03220

값 23,000원